キャリア教育支援ガイド

お仕事ナビ 28

音楽に関わる仕事

歌手

ピアノ調律師

指揮者

楽器製作者

理論社

Contents

目次《もくじ》

File:01 歌手《かしゅ》

安岡《やすおか》 優《ゆたか》さん

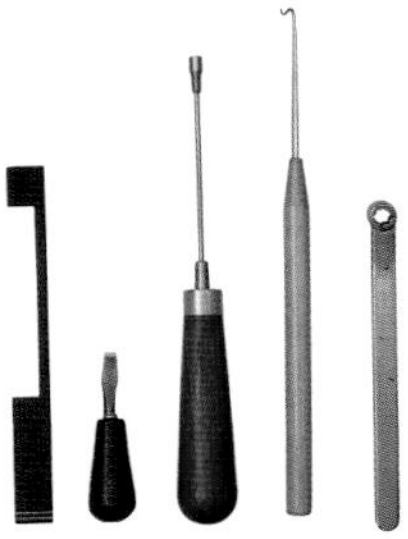

File:02 ピアノ調律師《ちょうりつし》

越智《おち》 晃《あきら》さん

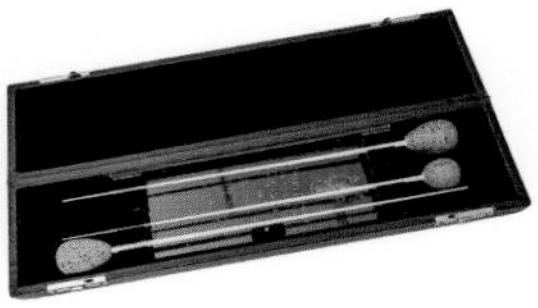

File:03 指揮者《しきしゃ》

下野竜也《しものたつや》さん

File:04 楽器製作者《がっきせいさくしゃ》

島口孝仁《しまぐちたかひと》さん

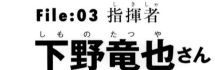

歌手って どんな仕事《しごと》？

ゴスペラーズ
安岡《やすおか》 優《ゆたか》さん

声《こえ》を楽器《がっき》にして表現《ひょうげん》する

歌手《かしゅ》は歌《うた》を歌《うた》う仕事《しごと》です。オペラ、ポピュラー音楽《おんがく》、ジャズなど活動《かつどう》する分野《ぶんや》はさまざまですが、共通《きょうつう》しているのは自分《じぶん》の声《こえ》を楽器《がっき》にして歌《うた》を歌《うた》うこと。正《ただ》しい音程《おんてい》で歌《うた》って多《おお》くの人《ひと》に声《こえ》を届《とど》けるトレーニングを日頃《ひごろ》から積《つ》んでいて、コンサートやレコーディングの現場《げんば》で歌唱法《かしょうほう》などの技能《ぎのう》を発揮《はっき》します。長《なが》く活《かつ》動《どう》を続《つづ》けるためには上手《じょうず》に歌《うた》う技術《ぎじゅつ》、充分《じゅうぶん》なパフォーマンスができる体《からだ》の管理《かんり》はもちろん、多《おお》くの人《ひと》を引《ひ》きつける表《ひょう》現力《げんりょく》も必要《ひつよう》です。

長《なが》く活動《かつどう》する人気《にんき》グループ

ポピュラー音楽《おんがく》では音楽事《おんがくじ》務所《むしょ》と契約《けいやく》を結《むす》び、ライブ活《かつ》動《どう》や曲《きょく》の制作《せいさく》、楽曲配信《がっきょくはいしん》、メディア出演《しゅつえん》などから収入《しゅうにゅう》を得《え》るのが一般的《いっぱんてき》。自分《じぶん》で作《つく》った曲《きょく》を歌《うた》う人《ひと》と作詞家《さくしか》・作曲家《さっきょくか》に提供《ていきょう》された曲《きょく》を歌《うた》う人《ひと》、ひとりで活動《かつどう》する人《ひと》とグループで活動《かつどう》する人《ひと》など、いろいろな活動《かつどう》スタイルがあります。

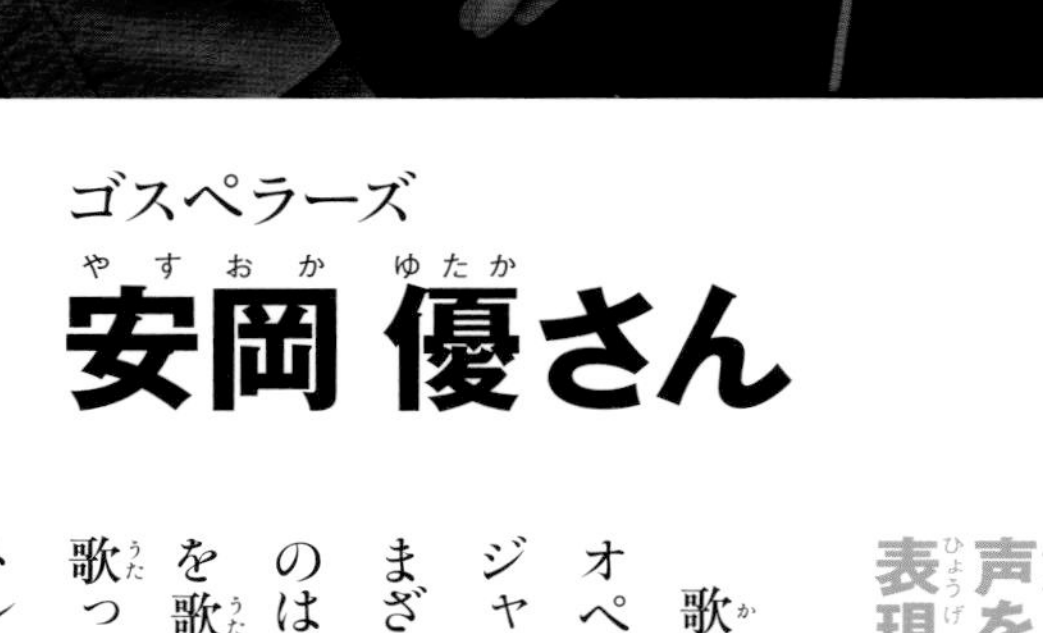

安岡《やすおか》さんは男性《だんせい》5人組《にんぐみ》ボーカルグループ「ゴスペラーズ」の一員《いちいん》。伴奏《ばんそう》のないアカペラという音楽《おんがく》スタイルを得意《とくい》とし、多数《たすう》のヒット曲《きょく》を持《も》つ人《にん》気《き》グループです。安岡《やすおか》さんは大学生《だいがくせい》だった1994年《ねん》にメジャーデビュー。メンバー全《ぜん》員《いん》が作詩《さくし》＊・作曲《さっきょく》も担当《たんとう》し、互《たが》いに息《いき》の合《あ》ったハーモニーで歌《うた》い続《つづ》けています。

＊作詩《さくし》……安岡《やすおか》さんは、作詞《さくし》・歌詞《かし》の表記《ひょうき》を作詩《さくし》・歌詩《かし》としています。

安岡《やすおか》さんの一日《いちにち》

レコーディングの日《ひ》

13:00　スタジオ入《い》り

13:30　譜面《ふめん》チェック

14:30　レコーディング

ライブの日《ひ》

13:00　会場《かいじょう》入《い》り

13:30　ミーティング

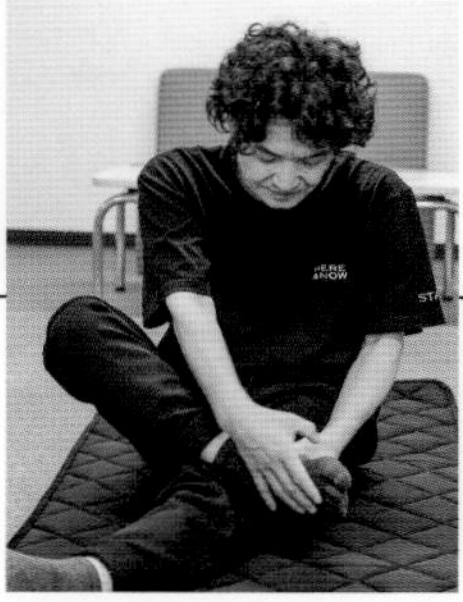

14:30　リハーサル

15:30　着替《きが》え・ヘアメイク

16:00　開場《かいじょう》

17:00　開演《かいえん》・ライブ前半《ぜんはん》

18:15　休憩《きゅうけい》

18:30　ライブ後半《こうはん》

19:45　閉演《へいえん》

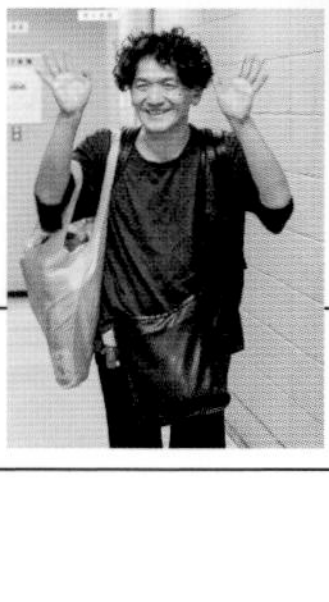

20:30　撤収《てっしゅう》・帰宅《きたく》

歌《か》手《しゅ》の仕《し》事《ごと》

レコーディングの日《ひ》

13:00 スタジオ入《い》り

この日《ひ》は安岡《やすおか》さんがリードボーカルを務《つと》める曲《きょく》の収録日《しゅうろくび》。

いつも通《どお》りの声《こえ》で歌《うた》えるよう、体《からだ》のコンディションには常《つね》に気《き》を配《くば》っています。前日《ぜんじつ》の睡《すい》眠《みん》は8時間《じかん》で、朝《あさ》は温《あたた》かいものを食《た》べてお風呂《ふろ》に入《はい》り、体《からだ》を整《ととの》えてから録音《ろくおん》スタジオに入《はい》ります。

スタジオでは声《こえ》を出《だ》す筋肉《きんにく》をほぐすため、足《あし》を片方《かたほう》ずつ持《も》ち上《あ》げながら深呼吸《しんこきゅう》してストレッチ。これはスタジオ、フェス会場《かいじょう》など狭《せま》い場所《ばしょ》でも充分《じゅうぶん》な準備《じゅんび》ができるよう、安《やす》岡《おか》さんがトレーナーと相談《そうだん》して作《つく》り上《あ》げたオリジナルの準《じゅん》備運動《びうんどう》です。

13:30 譜面《ふめん》チェック

あらかじめ譜面《ふめん》は読《よ》み込《こ》んでいますが、収録前《しゅうろくまえ》にもう一《いち》度《ど》デモ音源《おんげん》を聞《き》きながら、曲《きょく》と歌詩《かし》をチェックします。楽《がく》譜《ふ》と音源《おんげん》で音《おと》が違《ちが》う場所《ばしょ》、息《いき》継《つ》ぎをする場所《ばしょ》など気《き》になる点《てん》があれば譜面《ふめん》に記入《きにゅう》。ときにはiPad《アイパッド》のアプリで音《おと》を取《と》りながらじっくり譜面《ふめん》を読《よ》み込《こ》み、曲《きょく》の魅力《みりょく》を表現《ひょうげん》する方法《ほうほう》を考《かんが》えます。

14:30 レコーディング

録音《ろくおん》ブースに入《はい》ると気《き》になる点《てん》を作曲家《さっきょくか》に聞《き》き、ヘッドホンから流《なが》れる曲《きょく》に合《あ》わせて自分《じぶん》のパートを歌《うた》います。収《しゅう》録現場《ろくげんば》にはレコーディングディレクター、作曲家《さっきょくか》など音《おと》のプロが立《た》ち会《あ》い、歌唱法《かしょうほう》の修正点《しゅうせいてん》や曲《きょく》のイメージを伝《つた》えてサポート。その場《ば》ですぐに調整《ちょうせい》しながらある程度《ていど》の分量《ぶんりょう》を収録《しゅうろく》し、録音《ろくおん》をチェックしてまわりの意見《いけん》を聞《き》きます。この過程《かてい》を何度《なんど》も繰《く》り返《かえ》し、スタッフも含《ふく》めた全員《ぜんいん》で曲《きょく》を作《つく》り上《あ》げていきます。

レコーディングはリードボーカル、コーラスを分《わ》けて録《と》ることも多《おお》く時間《じかん》は長《なが》めです。待《ま》ち時間《じかん》も飲《の》み物《もの》でのどの調《ちょう》子《し》を整《ととの》え、譜面《ふめん》を読《よ》みながら次《つぎ》の曲《きょく》に備《そな》えます。

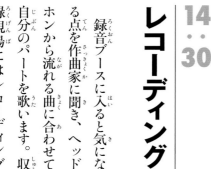

ライブの日《ひ》

13:00 会場入《かいじょうい》り

ゴスペラーズは積極的《せっきょくてき》にライブ活動《かつどう》を展開《てんかい》。２０２３年《ねん》9月《がつ》からは約《やく》４カ月《げつ》かけて全《ぜん》国《こく》31都市《とし》を巡《めぐ》る「ゴスペラーズ坂《ざか》」ツアーを開催《かいさい》しました。ツアー前《まえ》に曲《きょく》、舞台《ぶたい》の構成《こうせい》が決《き》まると、メンバー同士《どうし》でハーモニーを練習《れんしゅう》し、バンドや照明《しょうめい》・音響《おんきょう》スタッフと一緒《いっしょ》に事前《じぜん》リハーサル。曲《きょく》とダンスをしっかり覚《おぼ》えてから本番《ほんばん》に臨《のぞ》みます。

ライブ当日《とうじつ》は会場《かいじょう》に入《はい》ると楽屋《がくや》に向《む》かい、本番《ほんばん》までリラックスして過《す》ごせる環境《かんきょう》を整《ととの》えるために水筒《すいとう》や道具類《どうぐるい》の入《はい》ったポーチを並《なら》べます。

13:30 ミーティング

メンバー、演出家《えんしゅつか》、舞台監《ぶたいかん》督《とく》、マネージャーが集《あつ》まってミーティングを開《ひら》きます。ここでは前回公演《ぜんかいこうえん》の内容《ないよう》を振《ふ》り返《かえ》り、その日《ひ》の変更点《へんこうてん》について情報《じょうほう》を共有《きょうゆう》。ステージ上《じょう》での動《うご》き方《かた》を意識《いしき》するため、会《かい》場《じょう》や客席《きゃくせき》の作《つく》りも確認《かくにん》します。

ミーティング後《ご》は本番《ほんばん》に向《む》け、メンバーそれぞれが準備《じゅんび》を進《すす》めます。安岡《やすおか》さんがいつも行《おこな》っているのはストレッチを中心《ちゅうしん》としたコンディション調整《ちょうせい》。いつも通《どお》りの歌《うた》とダンスをお客《きゃく》さんに見《み》せられるよう、マット、ストレッチポール、加圧《かあつ》ベルトを使《つか》い、30〜40分《ぷん》かけてじっくり体《からだ》をほぐします。

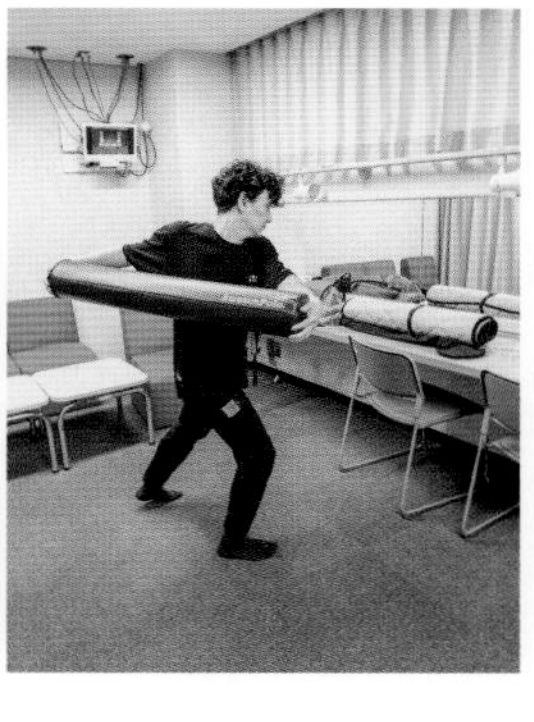

14:30 リハーサル

リハーサルの大《おお》きな目的《もくてき》はその日《ひ》の会場《かいじょう》に合《あ》わせた段取《だんど》りの確認《かくにん》です。ステージの幅《はば》や客席《きゃくせき》の高《たか》さも考《かんが》え、ポイントとなる部分《ぶぶん》の動《うご》きを練習《れんしゅう》し、音《おと》の響《ひび》きに左右《さゆう》される曲《きょく》を歌《うた》ってスタッフと一緒《いっしょ》にチェック。演出家《えんしゅつか》やリーダーの指摘《してき》を受《う》けてステージ上《じょう》の立《た》ち位置《いち》・ダンスの振《ふ》り付《つ》けを調整《ちょうせい》し、その日《ひ》の会場《かいじょう》に最《もっと》も適《てき》したパフォーマンスを作《つく》っていきます。

また、リハーサルは音響《おんきょう》・照明《しょうめい》スタッフが最後《さいご》の機材調《きざいちょう》整《せい》をするための確認時間《かくにんじかん》でもあります。安岡《やすおか》さんも何《なに》か気《き》がついたことがあればすぐスタッフに伝《つた》え、本番前《ほんばんまえ》に細《こま》かく調整《ちょうせい》してもらうようにしています。

15:30 着替《きが》え・ヘアメイク

お客《きゃく》さんの前《まえ》に立《た》つための準備《じゅんび》を整《ととの》えます。私服《しふく》からステージ衣装《いしょう》に着替《きが》えてヘアメイクを受《う》けると、自然《しぜん》と本番《ほんばん》モードに切《き》り替《か》わるそうです。

開演直前《かいえんちょくぜん》にはステージ裏《うら》にメンバー、バンド、スタッフが集合《しゅうごう》。リーダーの声《こえ》かけで気持《きも》ちを高《たか》め、お客《きゃく》さんが待《ま》つステージへと向《む》かいます。

17:00 開演《かいえん》・ライブ前半《ぜんはん》

ライブで歌《うた》うのはじっくり聞《き》かせるアカペラ曲《きょく》、ダンスを取《と》り入《い》れたテンポのよい曲《きょく》など全部《ぜんぶ》で24曲《きょく》。最新《さいしん》アルバムの曲《きょく》から定番《ていばん》の人気曲《にんききょく》までを含《ふく》む、ゴスペラーズの魅力《みりょく》を充分《じゅうぶん》に伝《つた》える構成《こうせい》です。リードボーカルでは個性《こせい》を出《だ》せるよう、コーラスでは目立《めだ》ちすぎないように歌声《うたごえ》を調整《ちょうせい》しながら、5人《にん》のメンバーはパートを次々《つぎつぎ》と入《い》れ替《か》わり、息《いき》の合《あ》ったハーモニーを響《ひび》かせます。

安岡《やすおか》さんもイヤホン・モニタースピーカーで必要《ひつよう》な音《おと》を聞《き》きながら全力《ぜんりょく》で歌《うた》とダンスを披露《ひろう》。ステージ上《じょう》からはお客《きゃく》さんが楽《たの》しんでくれる姿《すがた》がよく見《み》えていて、会場《かいじょう》の盛《も》り上《あ》がりがメンバーにも力《ちから》を与《あた》えてくれるそうです。

18:30 ライブ後半《こうはん》

ゴスペラーズのライブでは歌《うた》やダンスの他《ほか》、曲《きょく》の合間《あいま》に入《はい》るトークもファンの人気《にんき》を集《あつ》めています。活動報告《かつどうほうこく》から開催地《かいさいち》にまつわるエピソードをアカペラ曲《きょく》につないだり、開《かい》催地《さいち》にまつわるエピソードを話《はな》したりと話題《わだい》も多彩《たさい》。トーク内容《ないよう》はアドリブが多《おお》く、安岡《やすおか》さんも他《ほか》のメンバーの話《はなし》を楽《たの》しみにしているといいます。

終盤《しゅうばん》はメンバーそれぞれが自分《じぶん》の言葉《ことば》でお客《きゃく》さんに感謝《かんしゃ》の気持《きも》ちを伝《つた》え、最後《さいご》に静《しず》かなアカペラ曲《きょく》で締《し》める構成《こうせい》。最後《さいご》の曲《きょく》を歌《うた》い終《お》えると、お客《きゃく》さんの拍手《はくしゅ》に送《おく》られて退場《たいじょう》します。

19:45 閉演《へいえん》

スタッフに迎《むか》えられ楽屋《がくや》に戻《もど》ると衣装《いしょう》を着替《きが》え、手洗《てあら》い・うがいで体《からだ》をケアします。次《つぎ》のライブの準備《じゅんび》は閉演《へいえん》の瞬間《しゅんかん》からスタートします。メンバーやスタッフと簡単《かんたん》なミーティングを開《ひら》き、本番中《ほんばんちゅう》に気《き》づいたことや改良《かいりょう》のアイデアを共有《きょうゆう》。次回《じかい》までに修正《しゅうせい》できることは対応《たいおう》をお願《ねが》いし、ツアーを通《つう》じてステージを変《へん》化《か》させています。

20:30 撤収《てっしゅう》・帰宅《きたく》

ライブを見《み》に来《き》てくれたゲストや知《し》り合《あ》いとあいさつを交《か》わし、荷物《にもつ》をまとめて会場《かいじょう》を後《あと》にします。体《からだ》をしっかり休《やす》めて次《つぎ》の仕事《しごと》に備《そな》えますが、ツアー中《ちゅう》は家《いえ》に帰《かえ》らず次《つぎ》のライブ会場《かいじょう》がある街《まち》に向《む》かうこともあります。

時《とき》にはこんな仕事《しごと》も

アニメ出演《しゅつえん》、合唱《がっしょう》コンクール審査員《しんさいん》

多《おお》くの人《ひと》と歌《うた》うことの楽《たの》しさを共有《きょうゆう》

ゴスペラーズはライブ、レコーディング以外《いがい》にもメディア出演《しゅつえん》などさまざまな分野《ぶんや》の仕事《しごと》を手《て》がけています。2023年《ねん》にはアニメ作品《さくひん》「アカペラ侍《ざむらい》」に出演《しゅつえん》し、メンバー5人《にん》は声優《せいゆう》として演技《えんぎ》をしながら劇中《げきちゅう》でアカペラを披露《ひろう》。安岡《やすおか》さんはプロ声優《せいゆう》の演技《えんぎ》に触《ふ》れたことが歌手《かしゅ》として参考《さんこう》になり、さらに声《こえ》だけで歌《うた》うアカペラの楽《たの》しさを多《おお》くの人《ひと》に伝《つた》える機会《きかい》にもなった、とても楽《たの》しい仕事《しごと》だったと考《かんが》えているそうです。

また、食品《しょくひん》メーカーとのコラボレーションでは、小中高《しょうちゅうこう》生《せい》の合唱《がっしょう》コンクールで審査員《しんさいん》を務《つと》めました。審査《しんさ》は全国《ぜんこく》から応募《おうぼ》された動画《どうが》で行《おこな》い、優《ゆう》勝校《しょうこう》にはメンバーが直接《ちょくせつ》足《あし》を運《はこ》び、全校生徒《ぜんこうせいと》の前《まえ》で合唱会《がっしょうかい》を開《ひら》くイベントを開催《かいさい》。このコンクールが開《ひら》かれたのは新《しん》型《がた》コロナウイルスの流行中《りゅうこうちゅう》で、人《ひと》を集《あつ》めた合唱《がっしょう》の活動《かつどう》が難《むずか》しい時期《じき》でした。歌《うた》いたくても歌《うた》えない中《なか》で歌《うた》の喜《よろこ》びを感《かん》じられるイベントになり、メンバーたちもいい刺激《しげき》をもらえたといいます。

協力:豊田東高校

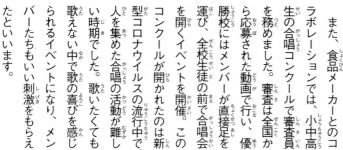

Q&A

安岡《やすおか》さんに聞《き》いてみよう！

Q なぜ歌手《かしゅ》になろうと思《おも》ったのですか？

A 母《はは》が歌好《うたず》きで、小《ちい》さい頃《ころ》から歌《うた》を聞《き》かせてくれました。それで僕自身《ぼくじしん》も歌《うた》が好《す》きになり、幼稚園《ようちえん》で将来《しょうらい》の夢《ゆめ》を聞《き》かれると歌手《かしゅ》と答《こた》えていました。ただ、もう少《すこ》し大《おお》きい小《しょう》・中学生《ちゅうがくせい》になると、人前《ひとまえ》で「歌手《かしゅ》になりたい」と言《い》うのが恥《は》ずかしい時期《じき》もあったんです。高校生《こうこうせい》の頃《ころ》は就職活動《しゅうしょくかつどう》をして会社員《かいしゃいん》になるのかなと思《おも》っていました。実際《じっさい》に就《つ》ける仕事《しごと》はあったかもしれませんが、それでも本気《ほんき》でなりたいと思《おも》う仕事《しごと》は歌手《かしゅ》だけでした。

大学生《だいがくせい》になって音楽《おんがく》サークルで今《いま》のメンバーと出会《であ》い、「デビューしてみないか」と声《こえ》をかけてもらったのが、今《いま》につながるきっかけです。こんなチャンスは二度《にど》とないと思《おも》い、迷《まよ》わず仲間《なかま》とのデビューを選《えら》びました。当時《とうじ》はなんだかよくわからないうちに歌手《かしゅ》になれたぞと思《おも》いましたし、ドキドキとワクワクの感情《かんじょう》しかなかったですね。そんな経《けい》緯《い》なので、他《ほか》の方《かた》のような下積《したづ》み期間《きかん》もなく、本当《ほんとう》に恵《めぐ》まれていたと思《おも》います。ずっと歌《うた》が好《す》きで、そこだけは譲《ゆず》らなかったのがよかったのかもしれませんね。

Q この仕事《しごと》の大変《たいへん》なところ、苦労《くろう》は何《なん》ですか？

A 夜遅《よるおそ》くまでレコーディングがあったり、朝早《あさはや》くから撮影《さつえい》があったりして、仕事《しごと》の時間《じかん》はどうしても不規《ふき》則《そく》になりがちです。ツアー中《ちゅう》はライブ本番《ほんばん》に体《からだ》のピークが来《く》るよう、普通《ふつう》の人《ひと》から６時間《じかん》ほど時差《じさ》のあるスケジュールで過《す》ごしたりもします。ですから、健康管理《けんこうかんり》がなかなか大変《たいへん》ですね。その場《ば》しのぎではなく一年《いちねん》を通《とお》して健康《けんこう》でいるためにも、できるかぎりしっかり食《た》べてしっかり寝《ね》る、基本的《きほんてき》な生活習慣《せいかつしゅうかん》を心《こころ》がけています。

それに、歌手《かしゅ》は人気《にんき》が出《で》るほど忙《いそが》しくなるし、やろうと思《おも》えばどこまでもがんばれてしまう職業《しょくぎょう》です。そのままだと疲《つか》れ切《き》って思《おも》う通《とお》りの仕事《しごと》ができなくなるので、自分《じぶん》を休《やす》ませて疲《つか》れを取《と》る時間《じかん》も作《つく》るようにしています。

曲作《きょくづく》りではいろいろ考《かんが》えなければいけないので大変《たいへん》ですが、完成《かんせい》した曲《きょく》を世界《せかい》で最初《さいしょ》に聞《き》けるのは作《つく》った僕《ぼく》なんです。できあがった曲《きょく》をはじめて聞《き》くと苦労《くろう》が報《むく》われたと感《かん》じますし、その気持《きも》ちよさがあるからずっと続《つづ》けていられるのかなと思《おも》っています。

Q この仕事《しごと》の魅力《みりょく》、やりがいを教《おし》えてください。

A 一番《いちばん》のやりがいはお客《きゃく》さんが喜《よろこ》んでくれることです。ライブの客席《きゃくせき》には本当《ほんとう》にうれしそうな顔《かお》で楽《たの》しんでくれる皆《みな》さんがいて、僕《ぼく》らの歌《うた》をまるで自分《じぶん》の歌《うた》のように口《くち》ずさみながら聞《き》いてくれる人《ひと》もいます。「この曲《きょく》は自分《じぶん》にとってなくてはならない曲《きょく》です」「ライブを見《み》て明日《あす》から頑張《がんば》る力《ちから》をもらいました」という手紙《てがみ》をもらうこともあります。そうした皆《みな》さんの反応《はんのう》は全部《ぜんぶ》うれしいですし、本当《ほんとう》にやっていてよかったなと思《おも》います。喜《よろこ》んでくれる皆《みな》さんのエネルギーが僕《ぼく》らのエネルギーになり、これからももっといいライブをしよう、もっといい曲《きょく》を作《つく》ろうという原動《げんどう》力《りょく》になるんです。

また、若《わか》い世代《せだい》には僕《ぼく》らのことを知《し》らなくても、僕《ぼく》らの曲《きょく》は知《し》っている人《ひと》がいます。「言葉《ことば》にすれば」「星屑《ほしくず》の街《まち》」などの曲《きょく》を学校《がっこう》の合唱《がっしょう》で歌《うた》い、ライブに来《き》てはじめて僕《ぼく》らの曲《きょく》だと知《し》ったという子《こ》もいました。そうやって僕《ぼく》らの音《おん》楽《がく》活動《かつどう》が世代《せだい》を越《こ》えてつながるのもうれしいですし、長《なが》く音《おん》楽《がく》を続《つづ》けていてよかったと思《おも》います。

Q 子《こ》どもの頃《ころ》にもっとしておけばよかったと思《おも》うことは?

A 小学生《しょうがくせい》の頃《ころ》はピアノを習《なら》っていましたが、途中《とちゅう》からサッカーに夢中《むちゅう》になり、続《つづ》けたのは６年生《ねんせい》まででした。音楽面《おんがくめん》だけのことを考《かんが》えれば、あのままピアノを続《つづ》けていてもよかったかなとは思《おも》います。ただ、他《ほか》に夢中《むちゅう》になれるものがあったから仕方《しかた》なかった気《き》はしています。サッカーを９年間続《ねんかんつづ》けて体力《たいりょく》がついたことも、友達《ともだち》とカラオケに行《い》って人前《ひとまえ》で歌《うた》う楽《たの》しさを確認《かくにん》したことも、全部今《ぜんぶいま》の役《やく》に立《た》っているんです。

他《ほか》にやっておけばよかったのは読書《どくしょ》で、特《とく》に物語《ものがたり》を読《よ》んでおきたかったですね。何十年《なんじゅうねん》も愛《あい》されている物語《ものがたり》は作詩《さくし》のヒントがたくさん隠《かく》されていて、たとえば「ガラスの靴《くつ》」という表現《ひょうげん》があれば、名前《なまえ》を出《だ》さなくても「シンデレラ」のことだとわかりますよね。物語自体《ものがたりじたい》を主題《しゅだい》にもできるし、みんなが持《も》っているイメージをわかりやすく伝《つた》える言葉《ことば》も引《ひ》き出《だ》せます。僕《ぼく》はあまり本《ほん》を読《よ》む子《こ》どもではなく、その部分《ぶぶん》が欠《か》けているなと感《かん》じたので、大人《おとな》になってから童話《どうわ》の全集《ぜんしゅう》を読《よ》んだりもしました。

Q 小学生《しょうがくせい》・中学生《ちゅうがくせい》の頃《ころ》の得意科目《とくいかもく》や好《す》きだったことは何《なん》ですか?

A 得意科目《とくいかもく》は音楽《おんがく》、体育《たいいく》、国語《こくご》でした。小学《しょうがく》１年生《ねんせい》からピアノを習《なら》わせてもらって楽譜《がくふ》を読《よ》めたので、音《おん》楽《がく》の授業《じゅぎょう》は楽《たの》しく感《かん》じていました。体《からだ》を動《うご》かすこともずっと好《す》きで、ステージで歌《うた》って踊《おど》るのにすごく役立《やくだ》っていると思《おも》います。国語《こくご》は特《とく》に朗読《ろうどく》が好《す》きで、人前《ひとまえ》で声《こえ》を出《だ》して文章《ぶんしょう》を読《よ》むのが楽《たの》しかったですね。どれも少《すこ》しずつ今《いま》の仕《し》事《ごと》につながっている気《き》がします。夢《ゆめ》をかなえるには、好《す》きだと思《おも》うものを楽《たの》しんで続《つづ》けることが大事《だいじ》だと思《おも》うんです。何《なに》が好《す》きでも間違《まちが》いはないから、皆《みな》さんも長《なが》く続《つづ》けて力《ちから》にしてくれるといいですね。

逆《ぎゃく》に理科《りか》と社会《しゃかい》は苦手《にがて》で、何《なん》の役《やく》に立《た》つんだろうと思《おも》って勉強《べんきょう》していました。ただ、大人《おとな》になってから、どちらも自分《じぶん》が知《し》らない世界《せかい》を知《し》るために必要《ひつよう》な勉強《べんきょう》だったとわかったんです。歌詞《かし》を書《か》くときなどは、子《こ》どもの頃《ころ》に覚《おぼ》えた知識《ちしき》が自分《じぶん》の引《ひ》き出《だ》しの中《なか》にあって、歌《うた》を作《つく》るためのアイデアやキーワードがもらえたりもします。勉強《べんきょう》しておいてよかったなと思《おも》うし、今《いま》は歴史《れきし》が一番楽《いちばんたの》しいくらいです。

Q 歌手《かしゅ》に興味《きょうみ》を持《も》っている人《ひと》にメッセージをお願《ねが》いします。

A 歌手《かしゅ》に向《む》いているのは歌《うた》うのが好《す》きで、自分《じぶん》の歌《うた》を誰《だれ》かに聞《き》いてもらいたい人《ひと》です。最初《さいしょ》は好《す》きなアーティストの曲《きょく》を歌《うた》うのかもしれませんが、好《す》きということは曲《きょく》のメッセージを自分《じぶん》も口《くち》にしてみたいからだと思《おも》うんです。その思《おも》いはいずれ、自分《じぶん》の言葉《ことば》とメロディで別《べつ》の誰《だれ》かに思《おも》いを届《とど》けることにつながっていきます。ですから、大好《だいす》きな歌《うた》と出会《であ》い、自分《じぶん》で何度《なんど》も聞《き》いて何度《なんど》も歌《うた》うところからスタートしてください。その歌《うた》を誰《だれ》かに聞《き》いてもらうことをうれしいと思《おも》えれば、最初《さいしょ》から楽器《がっき》を上手《じょうず》に弾《ひ》けたり、楽譜《がくふ》をちゃんと読《よ》めたりする必要《ひつよう》はありません。極《きょく》端《たん》な言《い》い方《かた》をすれば、歌《うた》が好《す》きで誰《だれ》かに伝《つた》えたい思《おも》いがあれば歌手《かしゅ》になれるんです。そのためにも、まずはひとりで歌《うた》う時間《じかん》を大事《だいじ》にしてほしいですね。

そして、歌手《かしゅ》は自分《じぶん》が好《す》きな歌《うた》を歌《うた》う喜《よろこ》びと、誰《だれ》かが自《じ》分《ぶん》の歌《うた》を聞《き》いて喜《よろこ》んでくれる喜《よろこ》びと、ふたつの大《おお》きな喜《よろこ》びに出会《であ》える仕事《しごと》です。ぜひともあなたの歌《うた》をたくさんの人《ひと》に聞《き》かせてくれるといいなと思《おも》います。

Q 仕事《しごと》をする上《うえ》で自分《じぶん》なりに工夫《くふう》していることはありますか?

A 曲作《きょくづく》りでは音楽以外《おんがくいがい》のいろいろな分野《ぶんや》のものに触《ふ》れることを意識《いしき》しています。本《ほん》や映画《えいが》、舞台《ぶたい》などの作《さく》品《ひん》からアイデアが浮《う》かび、新《あたら》しい音楽《おんがく》を生《う》み出《だ》す力《ちから》になることも多《おお》いんです。映画《えいが》をたくさん見《み》て、主題歌《しゅだいか》を自分《じぶん》で作《つく》るような発想《はっそう》で曲作《きょくづく》りをしていた時期《じき》もありました。そんなことをしているうちに映像《えいぞう》を歌詞《かし》やメロディにできるようになって、実際《じっさい》に映画《えいが》の主題歌《しゅだいか》を作《つく》ってほしいという依頼《いらい》が来《き》たときも対応《たいおう》できたんです。

それに、触《ふ》れるのは芸術作品《げいじゅつさくひん》だけではありません。一時《いちじ》期《き》はなんでも歌《うた》にしてやろうと思《おも》い、ごはんやサッカーの試合《しあい》、その日《ひ》に会《あ》った友達《ともだち》のことなど、生活《せいかつ》の中《なか》の出来事《できごと》を全部歌《ぜんぶうた》にしたこともあります。そうやって発想《はっそう》をふくらませていると、音楽《おんがく》で表現《ひょうげん》できることは本当《ほんとう》にたくさんあるなと気《き》づけるんです。音楽《おんがく》から音楽《おんがく》を作《つく》っているとどうしてもコピーやカバーになってしまうし、自分《じぶん》の中《なか》の引《ひ》き出《だ》しを増《ふ》やして仕事《しごと》の幅《はば》を広《ひろ》げるためにも、このやり方《かた》は大事《だいじ》にしています。

歌手《かしゅ》の仕事場《しごとば》

全国《ぜんこく》ツアー「ゴスペラーズ坂《ざか》」のライブ会場《かいじょう》。
お客《きゃく》さんが歌《うた》とパフォーマンスを楽《たの》しめるよう、多《おお》くのスタッフが作《つく》り上《あ》げています。

モニタースピーカー

必要《ひつよう》な音《おと》だけを届《とど》ける

ステージ上《じょう》では楽器演奏《がっきえんそう》、スピーカーなど多《おお》くの音《おと》が鳴《な》り響《ひび》きます。歌手《かしゅ》は足元《あしもと》に置《お》かれた小型《こがた》のモニタースピーカー、耳《みみ》につけたイヤホンを利用《りよう》し、必要《ひつよう》な音《おと》だけを聞《き》いて歌《うた》っています。

音響卓《おんきょうたく》

音質《おんしつ》・音量《おんりょう》をコントロール

スピーカーの音《おと》をコントロールするPA装《そう》置《ち》が置《お》かれています。お客《きゃく》さんと同《おな》じ音《おと》を聞《き》ける客席《きゃくせき》の真《ま》ん中《なか》に置《お》かれ、マイク・楽《がっ》器《き》の音質《おんしつ》を会場《かいじょう》に合《あ》わせて設定《せってい》、本番中《ほんばんちゅう》は進行《しんこう》に合《あ》わせて音量《おんりょう》を調整《ちょうせい》します。

スピーカー
クリアな音《おと》を会場《かいじょう》に伝《つた》える

ステージの両《りょう》サイドには歌手《かしゅ》の歌声《うたごえ》やバンドの演奏《えんそう》を客席《きゃくせき》に伝《つた》える大型《おおがた》スピーカーを設置《せっち》。広《ひろ》いライブ会場全体《かいじょうぜんたい》のどこでもクリアな音《おと》を聞《き》けるよう、音響《おんきょう》スタッフが位置《いち》や設定《せってい》を調整《ちょうせい》します。

ステージセット
ツアー専用《せんよう》の舞台装置《ぶたいそうち》

ステージセットは曲《きょく》に合《あ》わせてさまざまな光《ひかり》で舞台《ぶたい》を演出《えんしゅつ》。このセットは今回《こんかい》の「ゴスペラーズ坂《ざか》」ツアーのために作《つく》ったもので、全国各地《ぜんこくかくち》のライブ会場《かいじょう》に持《も》ち運《はこ》んでそれぞれの会場《かいじょう》に設置《せっち》します。

バンド
高《たか》い技術《ぎじゅつ》を持《も》つプロミュージシャン

楽器《がっき》を演奏《えんそう》するゴスペラーズBAND《バンド》はギター、キーボード、キーボード&サックス、ドラム、ベース、マニピュレーターの編成《へんせい》。全国《ぜんこく》ツアーを一緒《いっしょ》に回《まわ》る仲間《なかま》で、高《たか》い演奏《えんそう》技術《ぎじゅつ》でステージを作《つく》り上《あ》げています。

ステージ
スムーズな移動《いどう》のための工夫《くふう》

曲《きょく》によってメンバーの歌《うた》うパートや立《た》ち位《い》置《ち》は変《か》わります。客席《きゃくせき》からメンバーの姿《すがた》がかっこよく見《み》える位置《いち》へダンスをしながらスムーズに移動《いどう》できるよう、ステージの床《ゆか》には目印《めじるし》がいくつもついています。

照明卓《しょうめいたく》
光《ひかり》でステージを演出《えんしゅつ》

ステージ上《じょう》のライトなどを操作《そうさ》する卓《たく》です。音響卓《おんきょうたく》と同《おな》じように正面《しょうめん》からステージが見《み》える場所《ばしょ》に置《お》かれ、事前《じぜん》に用意《ようい》した演出《えんしゅつ》プランに合《あ》わせて照明《しょうめい》スタッフがステージ上《じょう》を光《ひかり》で演出《えんしゅつ》します。

安岡《やすおか》さんこだわりの7つ道具《どうぐ》

ツアーなどで移動《いどう》することも多《おお》い安岡《やすおか》さん。
いい歌《うた》を作《つく》ってお客《きゃく》さんの前《まえ》で歌《うた》うため、
シンプルにまとまった道具《どうぐ》を使《つか》いこなします。

▼マイク

ライブツアー専用《せんよう》のマイク

ツアーでは会場《かいじょう》の個性《こせい》を知《し》るため、どこでも同《おな》じマイクを使《つか》います。メンバーのマイクには１から５の番号《ばんごう》が振《ふ》ってあり、安岡《やすおか》さんは４。数字《すうじ》はマイク調整《ちょうせい》・切《き》り替《か》えをやりやすいよう、音響《おんきょう》スタッフのアイデアで取《と》り入《い》れました。

▶のど飴《あめ》

ファンに人気《にんき》のコラボ商品《しょうひん》

食品《しょくひん》メーカーのコラボレーションで作《つく》ったのど飴《あめ》は、ツアーの物販《ぶっぱん》でもすぐ売《う》り切《き》れてしまう人気商品《にんきしょうひん》。のどをいたわるはちみつなどの成分《せいぶん》が入《はい》っていて、メンバーもケアのために愛用《あいよう》しています。

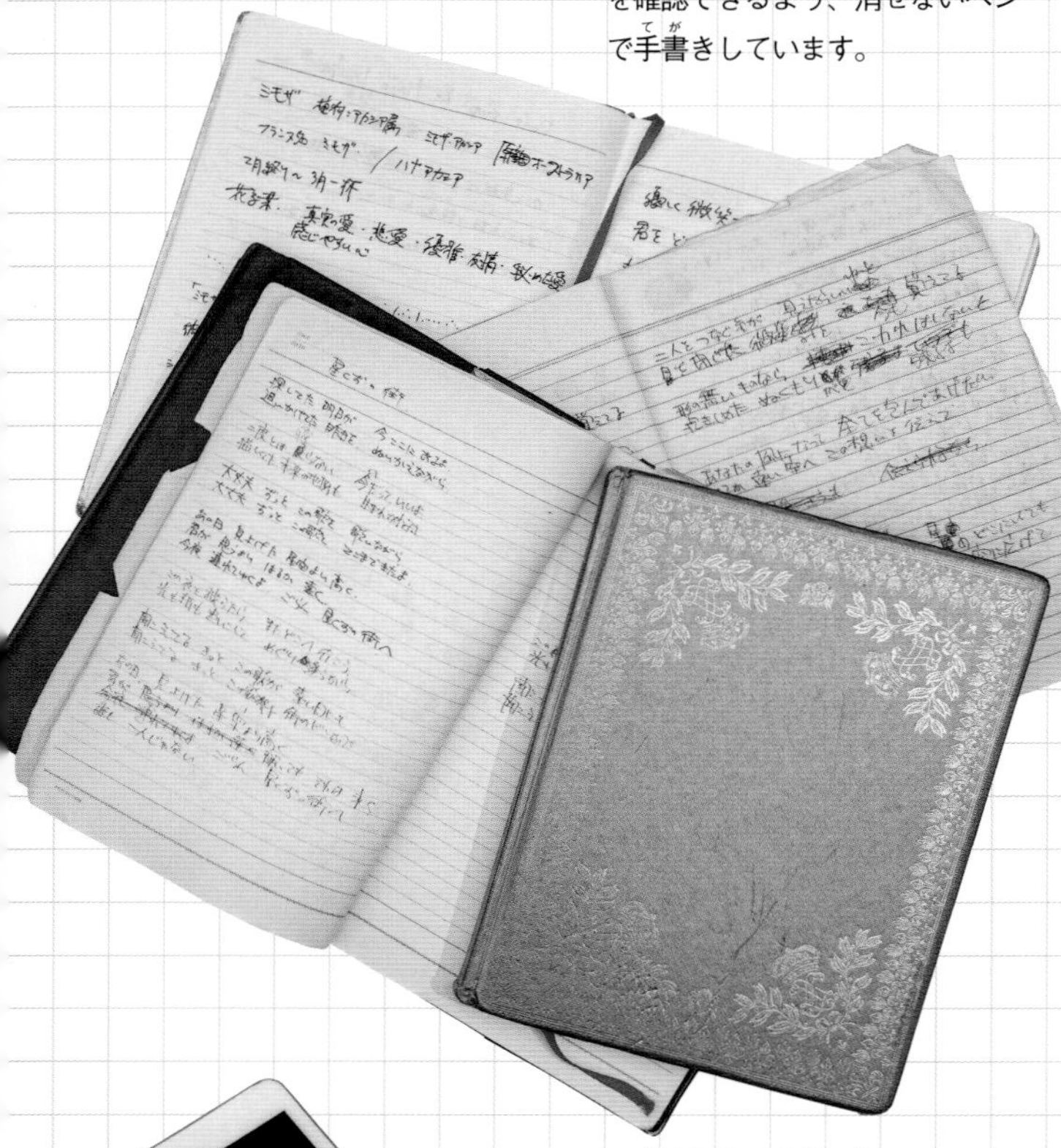

▼作詩《さくし》ノート

作詩《さくし》の秘訣《ひけつ》が詰《つ》まったノート

安岡《やすおか》さんの作詩《さくし》ノートで、ヒット曲《きょく》「永遠《とわ》に」「星屑《ほしくず》の街《まち》」「ミモザ」もここから生《う》まれました。作詩《さくし》では曲作《きょくづく》りのヒントになる情報《じょうほう》を細《こま》かく書《か》き込《こ》み、時間《じかん》をかけてじっくり推敲《すいこう》。いつでも直《なお》す前《まえ》の歌詩《かし》を確認《かくにん》できるよう、消《け》せないペンで手書《てが》きしています。

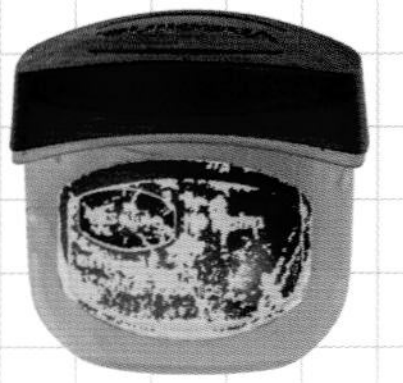

▼リップクリーム

日頃《ひごろ》からのケアに!

子音《しいん》を出《だ》すくちびるは、歌手《かしゅ》にとってのどの声帯《せいたい》と同《おな》じくらい大事《だいじ》な場所《ばしょ》。少《すこ》し荒《あ》れるだけでも気《き》になるため、普段《ふだん》からリップクリームでケアします。

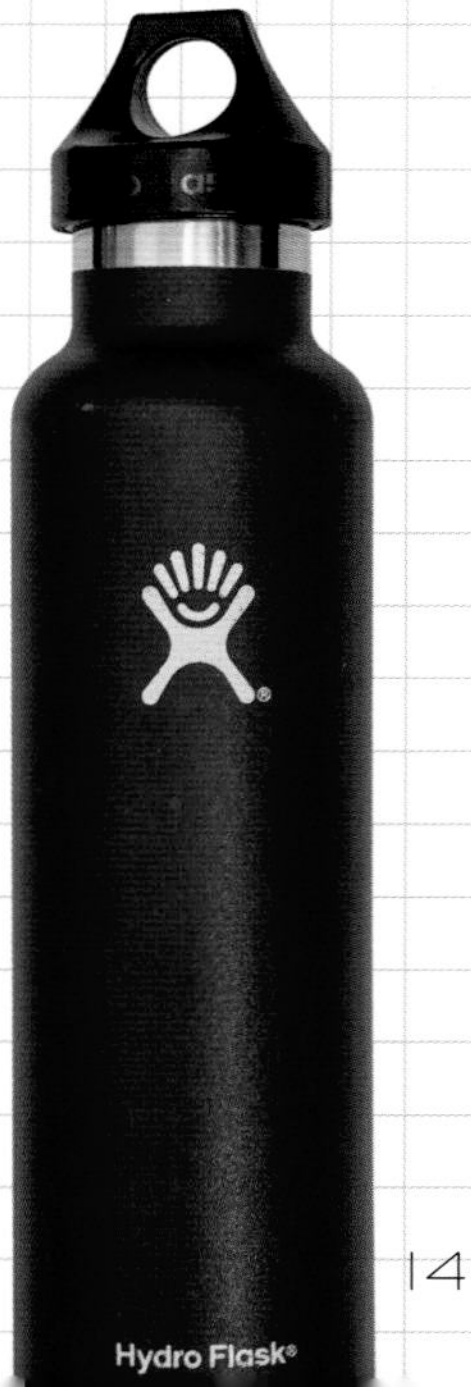

▼水筒《すいとう》

水分補給《すいぶんほきゅう》はケアの基本《きほん》

安岡《やすおか》さんはのどをなめらかにして風邪《かぜ》を予防《よぼう》するため、毎日水分《まいにちすいぶん》をこまめに補給《ほきゅう》。トレーニングでは冷《つめ》たい水《みず》、レコーディングでは温《あたた》かいハーブティーなど、季節《きせつ》や用事《ようじ》に合《あ》わせて中身《なかみ》も変《か》えています。

▲コンディショニングセット

歌《うた》う体《からだ》を作《つく》るための3点《てん》セット

ストレッチポール、マット、加圧《かあつ》ベルトはコンディション作《づく》りのため、どのライブ会場《かいじょう》にも持《も》っていくトレーニング用品《ようひん》。マットとポールで体《からだ》をほぐし、ベルトで体《からだ》に負荷《ふか》をかけて効率《こうりつ》よくコンディションを整《ととの》えます。

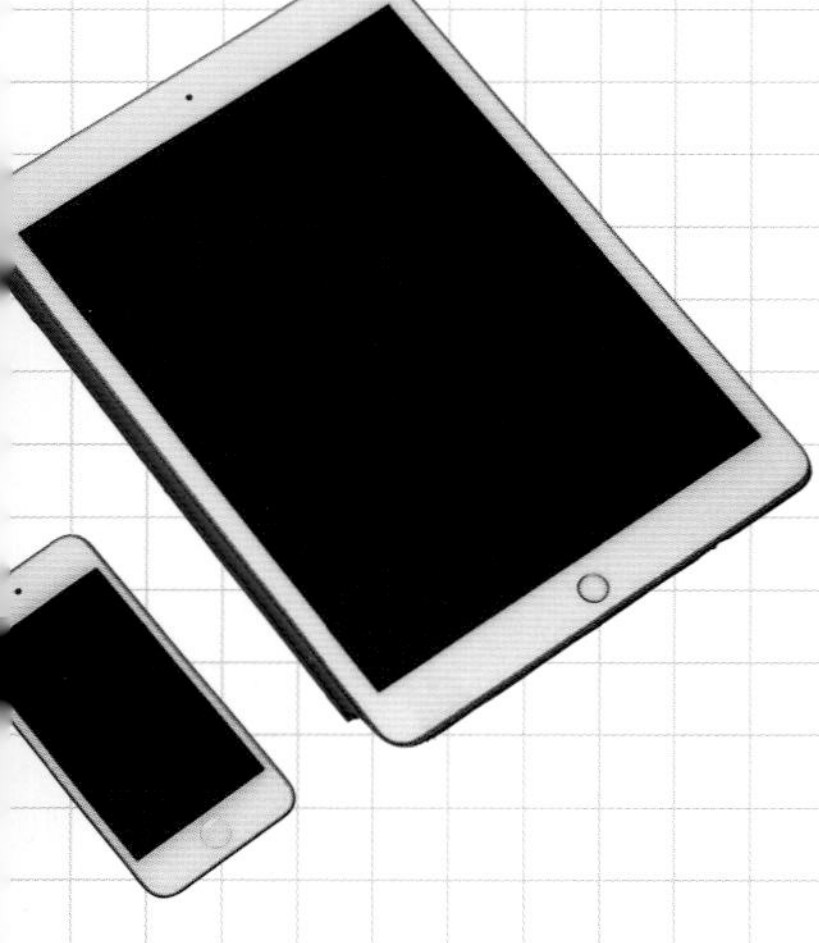

◀iPad《アイパッド》&iPod《アイポッド》

音《おと》と映像《えいぞう》を確認《かくにん》する

次《つぎ》に来《く》るライブをいいものにするため、前回《ぜんかい》のライブ内容《ないよう》は録音《ろくおん》・映像《えいぞう》で復習《ふくしゅう》。動画《どうが》は大《おお》きい画面《がめん》のiPad《アイパッド》で見《み》て、歌《うた》やダンスの気《き》になる部分《ぶぶん》をチェックします。その他《ほか》にもレコーディングの音源《おんげん》や音程《おんてい》を確認《かくにん》したり、移動中《いどうちゅう》にリラックスできる音楽《おんがく》を聞《き》いたりと、いろいろな場所《ばしょ》で活用《かつよう》しています。

歌手《かしゅ》って どうしたらなれるの?

中学《ちゅうがく》 3年《ねん》 15歳《さい》

高校《こうこう》 3年《ねん》 18歳《さい》

大学《だいがく》・短大《たんだい》・専門学校《せんもんがっこう》 4年《ねん》 22歳《さい》

歌手《かしゅ》になるには高《たか》い歌唱力《かしょうりょく》、人《ひと》を引《ひ》きつける表現力《ひょうげんりょく》が必要《ひつよう》です。

専門学校《せんもんがっこう》の音楽《おんがく》コースに通《かよ》ったり、ボイストレーニング*1を受《う》けたりすると、基礎《きそ》が身《み》につきます。

音楽系《おんがくけい》の大学《だいがく》・短大《たんだい》には声楽《せいがく》の専門教育《せんもんきょういく》課程《かてい》が設《もう》けられています。

プロデビュー

オーディションを受《う》けたり、アマチュア活動《かつどう》からスカウトされたりと、
デビューのきっかけは人《ひと》それぞれで、年齢《ねんれい》にも決《き》まりはありません。
実力《じつりょく》を認《みと》められて音楽事務所《おんがくじむしょ》*2や音楽《おんがく》レーベル*3と契約《けいやく》を結《むす》ぶと、プロとしての活動《かつどう》が始《はじ》まります。

歌手《かしゅ》

歌唱力《かしょうりょく》やライブでのパフォーマンス、作詞《さくし》・作曲《さっきょく》の能力《のうりょく》など、自分《じぶん》だけの長所《ちょうしょ》を生《い》かして活動《かつどう》します。
仕事《しごと》を続《つづ》けられるかは実力次第《じつりょくしだい》。最初《さいしょ》のうちはライブとレコーディングが中心《ちゅうしん》ですが、
人気《にんき》が出《で》るとメディア出演《しゅつえん》などの仕事《しごと》も増《ふ》えていきます。

*1 ボイストレーニング

歌手《かしゅ》や声優《せいゆう》、俳優《はいゆう》など、声《こえ》を仕事《しごと》にする人《ひと》のための発声《はっせい》トレーニングです。トレーナーに声《こえ》の出《だ》し方《かた》・呼吸法《こきゅうほう》などの指導《しどう》を受《う》けると、歌《うた》に必要《ひつよう》な音域《おんいき》・声量《せいりょう》を身《み》につけることも可能《かのう》です。

*2 音楽事務所《おんがくじむしょ》

歌手《かしゅ》・ミュージシャンなどの音楽家《おんがくか》をマネージメントする事務所《じむしょ》。曲作《きょくづく》りやライブ・イベント企画《きかく》など、歌手《かしゅ》のさまざまな活動《かつどう》をサポートすることで収益《しゅうえき》を得《え》ます。事務《じむ》所《しょ》によって得意分野《とくいぶんや》はさまざまです。

*3 音楽《おんがく》レーベル

音楽《おんがく》を制作《せいさく》・販売《はんばい》するレコード会社《がいしゃ》や会社《かいしゃ》内《ない》のブランド名《めい》のこと。レーベルによってジャンルや音楽性《おんがくせい》の特徴《とくちょう》は異《こと》なります。契《けい》約《やく》を結《むす》ぶと音楽活動《おんがくかつどう》・宣伝《せんでん》などでいろいろなサポートを受《う》けられるようになります。

推定平均給与月額《すいていへいきんきゅうよげつがく》
40万《まん》8,000円《えん》

推定平均年収《すいていへいきんねんしゅう》
約《やく》490万円《まんえん》

お給料《きゅうりょう》っていくら?

主《おも》な収入源《しゅうにゅうげん》はライブのチケットや曲《きょく》の売《う》り上《あ》げ、作詞《さくし》・作曲印税《さっきょくいんぜい》など。人気《にんき》が出《で》るほどその他《ほか》の仕事《しごと》も増《ふ》えて収入《しゅうにゅう》はアップしていきますが、売《う》り上《あ》げによって変《か》わるため個人差《こじんさ》がとても大《おお》きな職業《しょくぎょう》です。

厚生労働省《こうせいろうどうしょう》 令和《れいわ》4年《ねん》賃金構造《ちんぎんこうぞう》基本統計調査《きほんとうけいちょうさ》より。

ピアノ調律師《ちょうりつし》って どんな仕事《しごと》？

ファツィオリジャパン
越智《おち》 晃《あきら》さん

性能《せいのう》を引《ひ》き出《だ》す技術者《ぎじゅつしゃ》

ピアノはハンマーで弦《げん》を叩《たた》いて音《おと》を出《だ》す鍵盤楽器《けんばんがっき》です。広《ひろ》い音域《おんいき》で美《うつく》しい音色《ねいろ》が出《だ》せ、音《おと》の強弱《きょうじゃく》をつけやすいことから、プロの演奏《えんそう》、学校《がっこう》、作曲《さっきょく》などで広《ひろ》く使《つか》われています。

内部《ないぶ》がとても複雑《ふくざつ》な作《つく》りをしており、環境《かんきょう》や使《つか》い方次第《かたしだい》で音《おと》が変《か》わってしまうため、美《うつく》しい音《おと》を出《だ》すにはメンテナンスが必要《ひつよう》。そのための専門《せんもん》知識《ちしき》と技能《ぎのう》を持《も》ち、ピアノの状態《じょうたい》を整《ととの》えるのがピアノ調律《ちょうりつ》師《し》です。音階《おんかい》を作《つく》る「調律《ちょうりつ》」、状態《じょうたい》を整備《せいび》する「整調《せいちょう》」、音色《ねいろ》を整《ととの》える「整音《せいおん》」といった作《さ》業《ぎょう》で、ピアノが本来《ほんらい》持《も》つ性能《せいのう》を引《ひ》き出《だ》します。

世界《せかい》でも活躍《かつやく》するピアノ調律師《ちょうりつし》

必要《ひつよう》なスキルは音程《おんてい》を聞《き》き分《わ》ける耳《みみ》、ピアノを調整《ちょうせい》する技術《ぎじゅつ》、音《おと》・ピアノに対《たい》する知《ち》識《しき》など多数《たすう》。演奏会前《えんそうかいまえ》に調律《ちょうりつ》したり、ピアノの定期《ていき》メンテナンスをしたり、故障《こしょう》を修理《しゅうり》したりと、さまざまな仕事《しごと》があります。

ファツィオリはイタリアのピアノメーカーです。すみずみまでこだわった職人《しょくにん》手作《てづく》りのピアノにはファンも多《おお》く、一流《いちりゅう》ピアニストにも選《えら》ばれる逸品《いっぴん》。越智《おち》さんはショパンコンクールなど数々《かずかず》の国際《こくさい》コンクールでの調律《ちょうりつ》を任《まか》される実《じつ》力《りょく》のあるピアノ調律師《ちょうりつし》で、国《こく》内《ない》・国外《こくがい》で数多《かずおお》くのピアノを手《て》がけています。

越智《おち》さんの一日《いちにち》

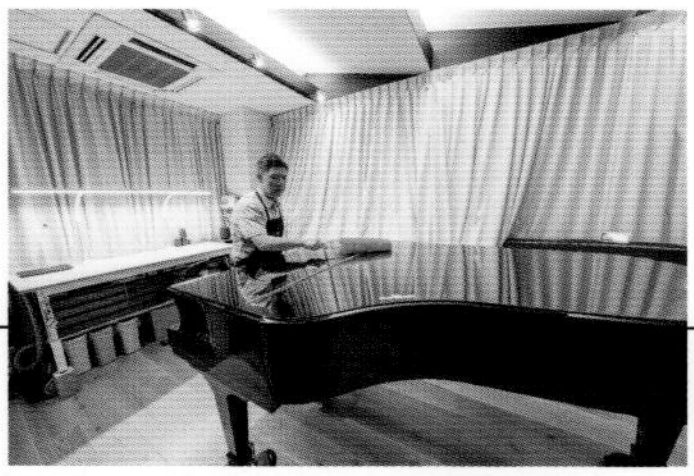

10:00　出社《しゅっしゃ》

10:15　鍵盤調整《けんばんちょうせい》

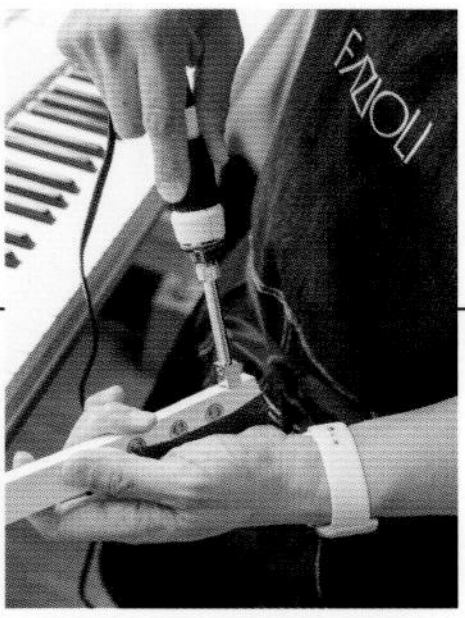

12:15　昼休《ひるやす》み

13:00　調律《ちょうりつ》

14:15　メンテナンス

15:00　引《ひ》き渡《わた》し

15:15　帰社《きしゃ》・休憩《きゅうけい》

15:30　整調《せいちょう》❶ 鍵盤《けんばん》

16:30　整調《せいちょう》❷ ダンパー総上《そうあ》げ

18:00　整音《せいおん》

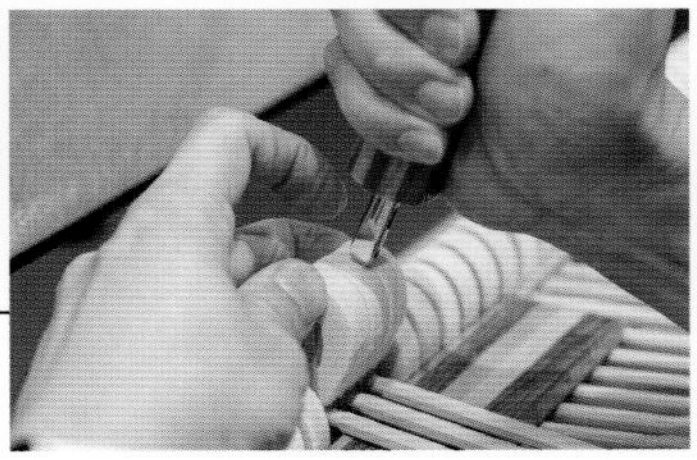

19:00　退勤《たいきん》

ピアノ調律師《ちょうりつし》の仕事《しごと》

10:00 出社《しゅっしゃ》

出社《しゅっしゃ》すると自分《じぶん》の仕事場《しごとば》である調整室《ちょうせいしつ》に入《はい》り、汚《よご》れ防止《ぼうし》のエプロンを着用《ちゃくよう》。この日《ひ》最《さい》初《しょ》の仕事《しごと》は新品《しんぴん》ピアノの初期《しょき》調整《ちょうせい》です。イタリアの工場《こうじょう》から航空便《こうくうびん》で届《とど》いたピアノの梱《こん》包《ぽう》を外《はず》し、輸送中《ゆそうちゅう》についたほこりを軽《かる》く払《はら》ってから作業《さぎょう》に取《と》りかかります。

10:15 鍵盤調整《けんばんちょうせい》

ピアノ本体《ほんたい》から外《はず》したキーフレーム*を作業台《さぎょうだい》に置《お》き、88本《ぽん》の鍵盤《けんばん》を取《と》り外《はず》して台座《だいざ》のピンを手入《てい》れします。ピンは鍵盤《けんばん》の動《うご》きを調整《ちょうせい》する部品《ぶひん》で、すべての鍵盤《けんばん》に2本《ほん》ずつあるので全《ぜん》176本《ぽん》。

定規《じょうぎ》を当《あ》てながら一本《いっぽん》ずつ角度《かくど》を調整《ちょうせい》し、から拭《ぶ》きしてから潤滑剤《じゅんかつざい》を塗《ぬ》って動《うご》きをよくします。

鍵盤《けんばん》をフレームに戻《もど》すと今《こん》度《ど》は鍵盤側《けんばんがわ》の調整《ちょうせい》です。鍵盤《けんばん》を支《ささ》える穴《あな》を高熱《こうねつ》のコテで熱《ねっ》してきれいに整《ととの》え、ピンを入《い》れる穴《あな》をプレスして鍵盤《けんばん》の動《うご》く空間《くうかん》を広《ひろ》げます。

こうした調整《ちょうせい》で起《お》きる変化《へんか》はわずかですが、そのわずか

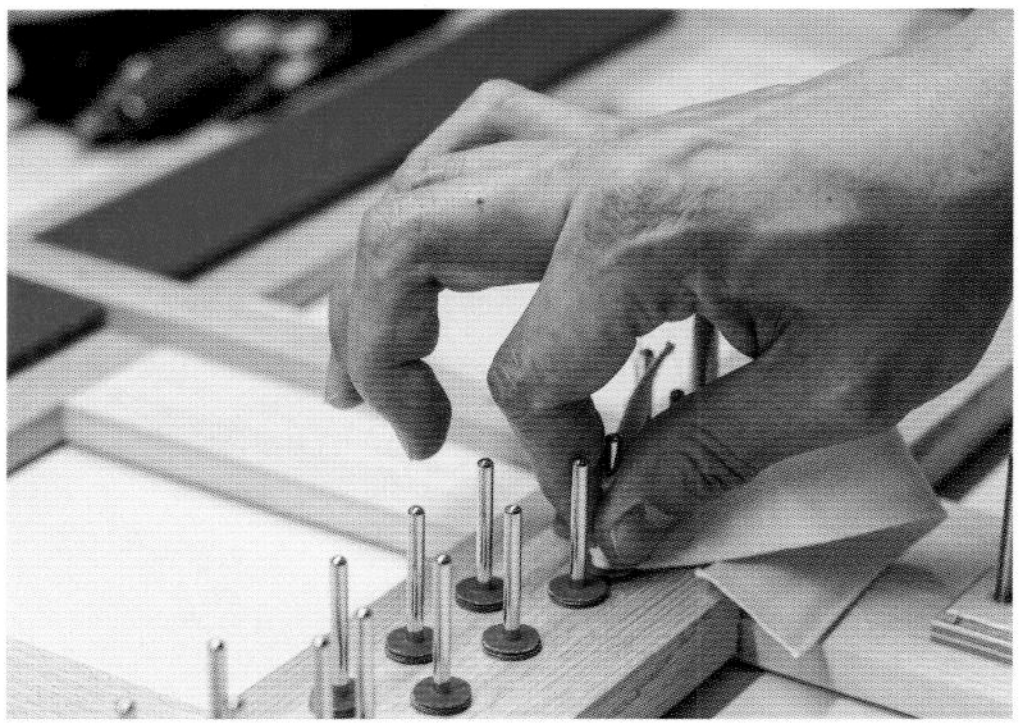

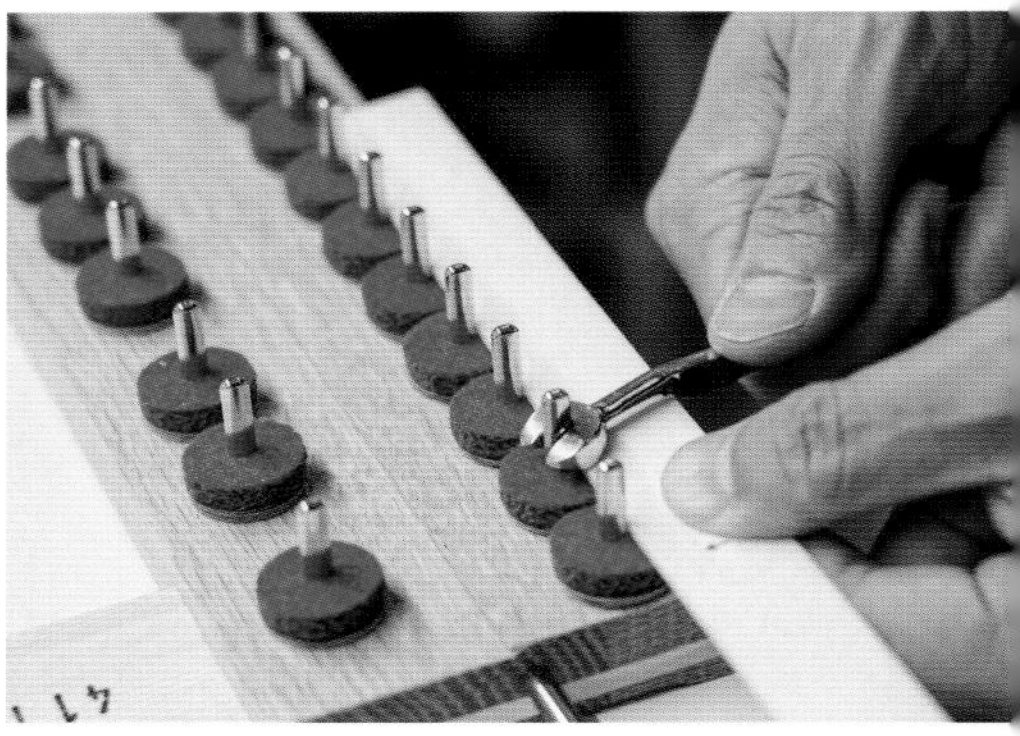

＊キーフレーム……鍵盤《けんばん》と音《おと》を出《だ》すアクションが乗《の》っている木製《もくせい》の台座《だいざ》。

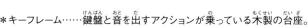

な差《さ》を積《つ》み重《かさ》ねることで音《おと》や弾《ひ》き心地《ごこち》は大《おお》きく変《か》わってきます。越智《おち》さんは道具《どうぐ》にもこだわり、ひとつひとつの作業《さぎょう》をていねいに行《おこな》います。

12:15 昼休《ひるやす》み

作業《さぎょう》がひと段落《だんらく》すると昼休《ひるやす》みの時間《じかん》です。同僚《どうりょう》の調律《ちょうりつ》師《し》・フェケテさんと会話《かいわ》を楽《たの》しみながらお弁当《べんとう》を食《た》べ、調《ちょう》律《りつ》の仕事《しごと》をするため会社《かいしゃ》の車《くるま》で音楽《おんがく》ホールに向《む》かいます。

13:00 調律《ちょうりつ》

ホールではステージ上《じょう》にピアノを運《はこ》び、温湿度計《おんしつどけい》をセットして調律《ちょうりつ》をスタート。ピアノは中《ちゅう》~高音部《こうおんぶ》で3本《ぼん》、低音《ていおん》部《ぶ》で1~3本《ぼん》の弦《げん》を叩《たた》いて音《おと》を出《だ》します。中央《ちゅうおう》の弦《げん》から調《ちょう》律《りつ》するため、両端《りょうたん》の弦《げん》が動《うご》かないようロングミュートというフェルトで押《お》さえます。

最初《さいしょ》に中央《ちゅうおう》の「ラ」に対応《たいおう》する弦《げん》を、チューニングハンマーで少《すこ》しずつ動《うご》かして442ヘルツの周波数《しゅうはすう》に調整《ちょうせい》。この音《おと》を基準《きじゅん》に低音《ていおん》、高音《こうおん》を合《あ》わせ、ロングミュートを外《はず》して2~3本目《ぼんめ》の弦《げん》とも音《おと》を合《あ》わせます。

一本《いっぽん》の弦《げん》にかかる張力《ちょうりょく》は約《やく》80~90kg。ハンマーの小《ちい》さな動《うご》きで音《おと》は大《おお》きく変《か》わりますが、手《て》でチューニングピンの状態《じょうたい》を感《かん》じ取《と》りながら正《ただ》しい音階《おんかい》を作《つく》り上《あ》げます。

14:15 メンテナンス

調律《ちょうりつ》ではまわりと音《おと》が違《ちが》う鍵盤《けんばん》をすべてきちんと覚《おぼ》えておき、88鍵《けん》すべての音《おと》を合《あ》わせてから気《き》になる場《ば》所《しょ》をチェックします。

ピアノの性能《せいのう》を充分《じゅうぶん》に発揮《はっき》できるよう、弦《げん》に触《ふ》れるハンマーフェルトを紙《かみ》やすりで削《けず》って均一《きんいつ》にならしたり、動《うご》きの遅《おそ》いハンマーに潤滑剤《じゅんかつざい》をさしたりして細《こま》かく丁寧《ていねい》に対《たい》応《おう》します。

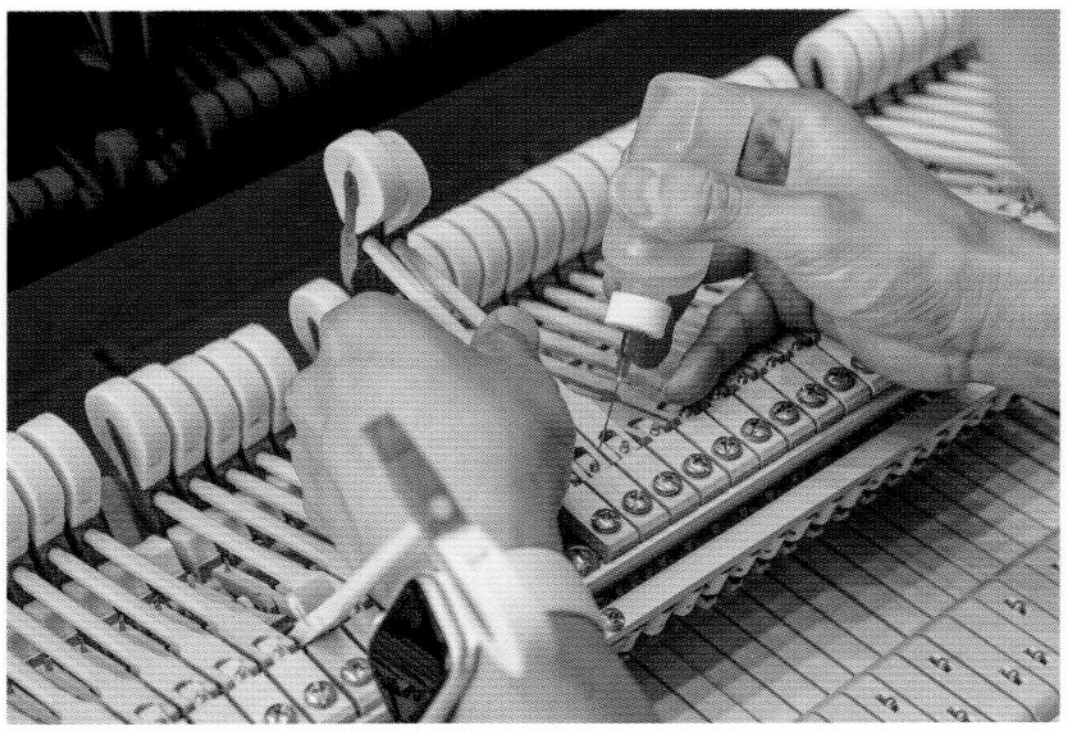

2時間《じかん》かけて調律《ちょうりつ》・メンテナンスがすべて終《お》わるとピアノをホールの担当者《たんとうしゃ》に引《ひ》き渡《わた》し、お客《きゃく》さんから調律代金《ちょうりつだいきん》を受《う》け取《と》ります。

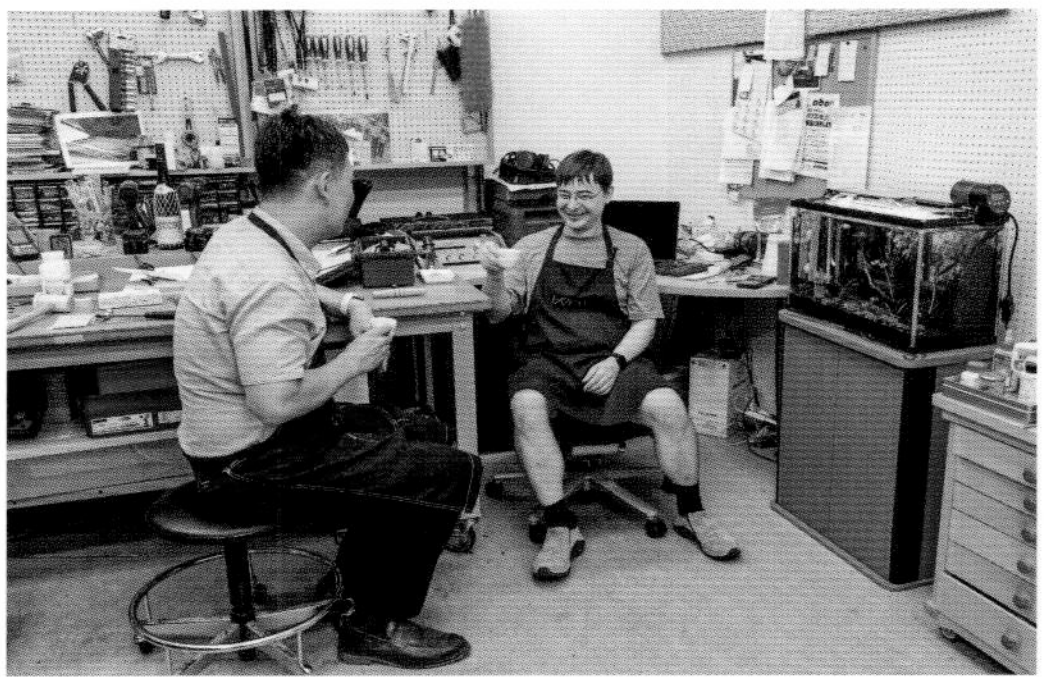

15:15 帰社《きしゃ》・休憩《きゅうけい》

会社《かいしゃ》に戻《もど》り、メールをチェックして必要《ひつよう》なものに返信《へんしん》します。仕事《しごと》の合間《あいま》には同僚《どうりょう》とコーヒーを飲《の》んで休憩《きゅうけい》し、お互《たが》いの仕事《しごと》について情報交換《じょうほうこうかん》。休憩《きゅうけい》を終《お》えるとピアノの動《うご》き・状態《じょうたい》を整《ととの》える整調作業《せいちょうさぎょう》に取《と》りかかります。

15:30 整調《せいちょう》❶ 鍵盤《けんばん》

整調《せいちょう》には多《おお》くの工程《こうてい》があり、そのひとつが鍵盤《けんばん》の高《たか》さを整《ととの》える「ならし」です。鍵盤《けんばん》に定規《じょうぎ》を当《あ》てて真横《まよこ》から傾《かたむ》きを見《み》て、わずかにずれている部《ぶ》分《ぶん》をチョークでチェック。ピンの下《した》にペーパーパンチングを入《い》れて高《たか》さを調整《ちょうせい》します。

また、鍵盤《けんばん》を弾《ひ》いたときの深《ふか》さも調整《ちょうせい》します。力《ちから》の入《い》れ方《かた》で差《さ》が出《で》ないように鍵盤《けんばん》におもりを乗《の》せ、専用《せんよう》の透明《とうめい》なアクリル定規《じょうぎ》で段差《だんさ》を確認《かくにん》。深《ふか》さ調整用《ちょうせいよう》のペーパーパンチングで、すべての鍵盤《けんばん》の深《ふか》さをそろえます。

ここで使《つか》うペーパーパンチングはとても薄《うす》い紙製《かみせい》の部品《ぶひん》。0・01㎜単位《たんい》で厚《あつ》みが違《ちが》うものを何種類《なんしゅるい》も用意《ようい》し、あらかじめ切《き》れ込《こ》みを入《い》れておくなど、日頃《ひごろ》からの準備《じゅんび》も欠《か》かせません。

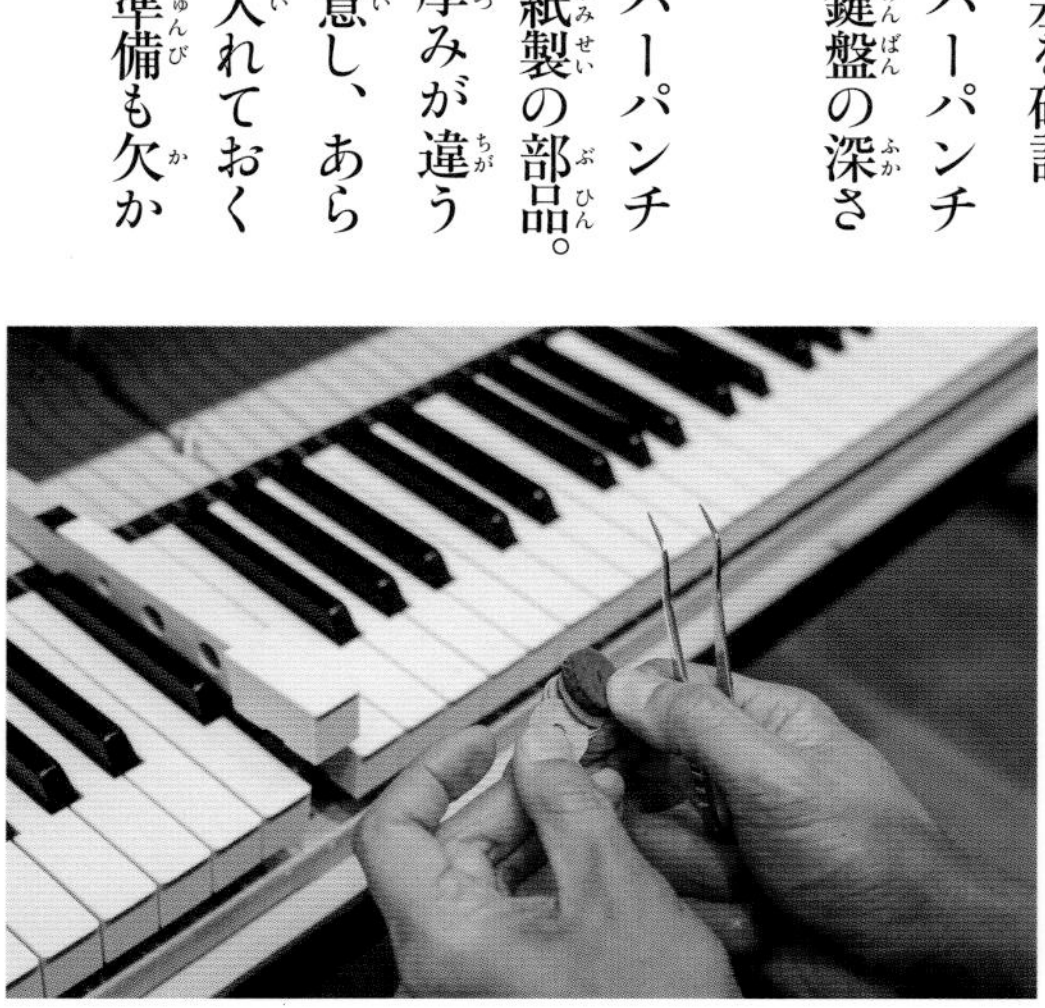

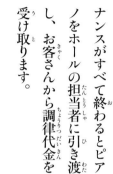

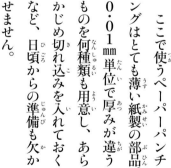

16:30 整調《せいちょう》❷ ダンパー総上《そうあ》げ

ダンパーは弦《げん》の振動《しんどう》を抑《おさ》えて音《おと》を止《と》める装置《そうち》で、ひとつの鍵盤《けんばん》にひとつのダンパーが対応《たいおう》しています。音《おと》が消《き》えるタイミングを均一《きんいつ》にするため、動《うご》きを合《あ》わせる「総上《そうあ》げ」という作業《さぎょう》を行《おこな》います。

ダンパーペダルを踏《ふ》んで動《うご》きを確認《かくにん》しながら、ダンパーを支《ささ》えるワイヤーと根元《ねもと》のねじを細《こま》かく調整《ちょうせい》。

動《うご》きがずれないよう調節《ちょうせつ》するのは根気《こんき》のいる作業《さぎょう》ですが、調整《ちょうせい》が終《お》わるとダンパーは一《いち》枚《まい》の板《いた》のようにそろって動《うご》きます。

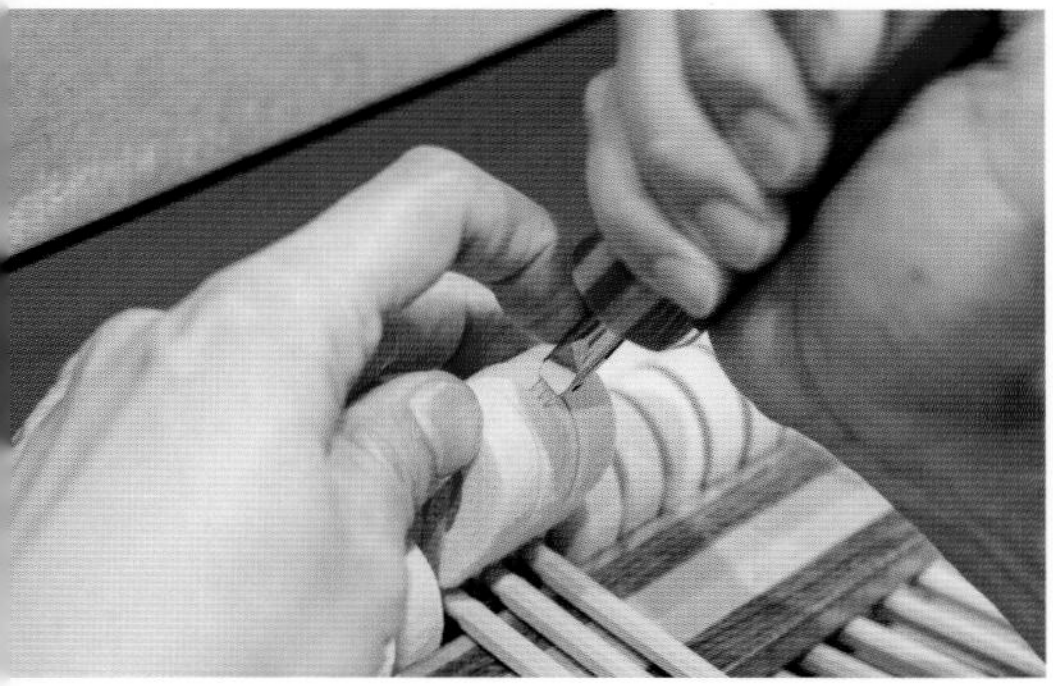

18:00 整音《せいおん》

ピアノの音《おと》はハンマーフェルトの状態《じょうたい》で変《か》わります。バランスのいい音《おと》が出《だ》せるよう、整音《せいおん》という作業《さぎょう》で音質《おんしつ》・音量《おんりょう》を整《ととの》えます。

新品《しんぴん》のピアノの場合《ばあい》、フェルトに手《て》を加《くわ》えていないので音《おと》は硬《かた》めです。ピッカーの針《はり》で繊維《せんい》をほぐしてきれいなクッションを作《つく》り、柔《やわ》らかい音《おと》が出《で》るように調整《ちょうせい》。鍵盤《けんばん》を叩《たた》いて音《おと》を確認《かくにん》し、針《はり》の本数《ほんすう》や太《ふと》さを変《か》えたりしながら音《おと》を作《つく》り上《あ》げていきます。

19:00 退勤《たいきん》

整調《せいちょう》の作業工程《さぎょうこうてい》はその他《ほか》にもたくさんあり、途中《とちゅう》で調律《ちょうりつ》も施《ほどこ》すため、新品《しんぴん》のピアノを調整《ちょうせい》するには何日《なんにち》もかかります。すべての作業《さぎょう》を終《お》えたピアノはショールームに展示《てんじ》され、美《うつく》しい音《おと》と良《よ》い弾《ひ》き心地《ここち》でお客《きゃく》さんを迎《むか》えます。

ふだんの退勤時間《たいきんじかん》は19時《じ》。出張《しゅっちょう》での調律《ちょうりつ》やコンサートの立《た》ち会《あ》いなどがある場合《ばあい》、遅《おそ》い時間《じかん》まで仕事《しごと》をすることもあります。

時《とき》にはこんな仕事《しごと》も

研修会《けんしゅうかい》で講師《こうし》を務《つと》める

ピアノの情報《じょうほう》を調律師仲間《ちょうりつしなかま》と共有《きょうゆう》

ピアノ部品《ぶひん》の作《つく》りや材質《ざいしつ》は製造《せいぞう》メーカーが独自技術《どくじぎじゅつ》を詰《つ》め込《こ》む部分《ぶぶん》。基本的《きほんてき》な作《つく》りは同《おな》じでも、メーカーによって細《こま》かい差《さ》があります。ピアノ調律師《ちょうりつし》はどのメーカーのピアノも調律《ちょうりつ》できるよう研修会《けんしゅうかい》などに参加《さんか》し、お互《たが》いに知識《ちしき》の共有《きょうゆう》も行《おこな》っています。ファツィオリのピアノを専門《せんもん》に扱《あつか》う越智《おち》さんも情報《じょうほう》は集《あつ》めていて、研修会《けんしゅうかい》の講師《こうし》を務《つと》めることもあります。

ここで越智《おち》さんが講師《こうし》を務《つと》めているのはピアノ調律師協《ちょうりつしきょう》会《かい》の研修会《けんしゅうかい》。協会《きょうかい》の会員《かいいん》やホール管理者《かんりしゃ》が音楽《おんがく》ホールでのピアノ管理《かんり》について勉強《べんきょう》する会《かい》です。ファツィオリを含《ふく》めた3メーカーの講師《こうし》が自社《じしゃ》のピアノの特色《とくしょく》を交《まじ》えながら、適切《てきせつ》な管理方法《かんりほうほう》を説明《せつめい》。越智《おち》さんもあらかじめ用意《ようい》した5分《ふん》ほどのビデオを流《なが》し、プレゼン資料《しりょう》を元《もと》に製品《せいひん》の特徴《とくちょう》、自分《じぶん》の経験《けいけん》で得《え》た知識《ちしき》を紹介《しょうかい》しました。

ファツィオリは1981年《ねん》に創業《そうぎょう》した、ピアノメーカーとしては新《あたら》しい会社《かいしゃ》で、新《あたら》しい試《こころ》みを込《こ》めたピアノは進化《しんか》を続《つづ》けています。詳《くわ》しく知《し》らない参加者《さんかしゃ》も多《おお》いため、こうした場《ば》では多《おお》くの人《ひと》が興味《きょうみ》を持《も》ってくれるそうです。

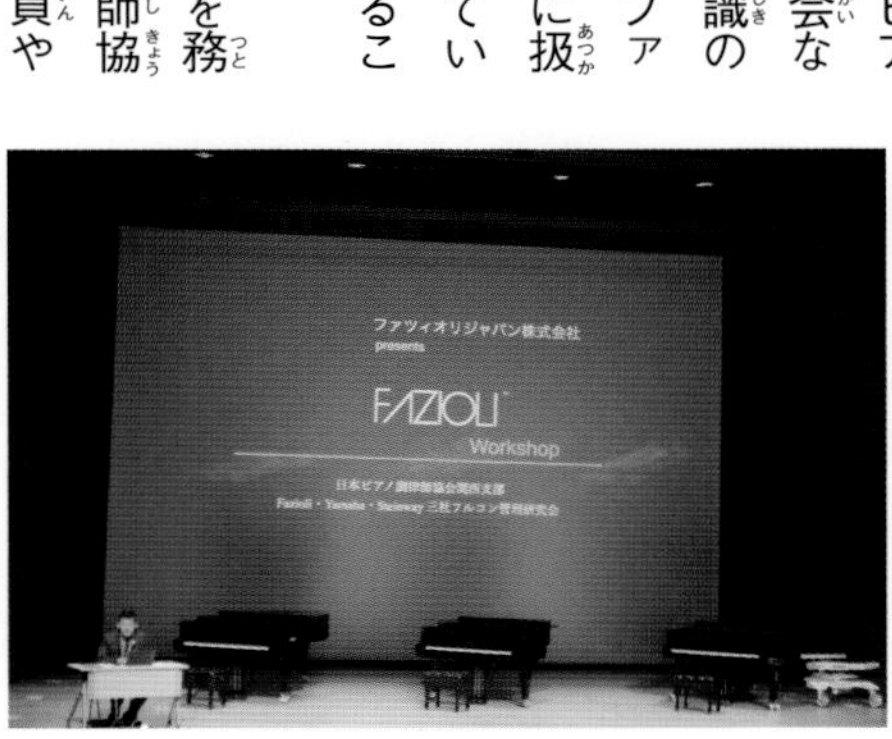

Q&A

越智《おち》さんに聞《き》いてみよう!

Q なぜピアノ調律師《ちょうりつし》になろうと思《おも》ったのですか?

A ピアノを習《なら》っていた小学《しょうがく》5年生《ねんせい》の頃《ころ》、家《いえ》でテープを聞《き》きながらピアノを弾《ひ》いていたら、ピアノの音《おと》がテープと違《ちが》うことに気《き》づきました。なんでだろうと思《おも》って試《ため》しに半音《はんおん》上《あ》げて弾《ひ》いたら、今度《こんど》は音《おと》がぴったり合《あ》ったんです。それで「ピアノがおかしい」と母《はは》に話《はな》したら、買《か》ってから調律《ちょうりつ》していないとわかり、調律師《ちょうりつし》さんが来《く》ることになりました。僕《ぼく》は調律《ちょうりつ》を見《み》られなかったのですが、後《あと》で姉《あね》が様子《ようす》を教《おし》えてくれました。鍵盤《けんばん》を外《はず》したとかピアノがバラバラになったとかいう話《はなし》を聞《き》いて、一気《いっき》にピアノの中《なか》に興味《きょうみ》を持《も》ったんです。それからはパネルを外《はず》して中《なか》をのぞき込《こ》んだりして、家《いえ》のピアノをずっといじっていました。

その翌年《よくねん》にはもう、将来《しょうらい》はピアノ調律師《ちょうりつし》になろうと決《き》めていました。お小遣《こづか》いを貯《た》めてチューニングハンマーを買《か》ったりして、当時《とうじ》から調律道具《ちょうりつどうぐ》を集《あつ》めていたんです。高校生《こうせい》の頃《ころ》に音大《おんだい》の調律科《ちょうりつか》を見学《けんがく》したらピアノを製作《せいさく》する授業《じゅぎょう》をやっていて、絶対《ぜったい》ここに通《かよ》おうと決《き》め、その学校《がっこう》で調《ちょう》律《りつ》を本格的《ほんかくてき》に勉強《べんきょう》しました。

Q 小学生《しょうがくせい》・中学生《ちゅうがくせい》の頃《ころ》の得意科目《とくいかもく》や好《す》きだったことは何《なん》ですか?

A 小学生《しょうがくせい》の頃《ころ》からピアノの中身《なかみ》に興味《きょうみ》があり、ピアノ調律師《ちょうりつし》になると決《き》めてからはピアノいじりが趣味《しゅみ》でした。調律道具《ちょうりつどうぐ》も集《あつ》めていましたし、本《ほん》を参考《さんこう》にして家《いえ》のピアノを分解《ぶんかい》したこともあって、弾《ひ》きながら中《なか》のアクションが動《うご》くのを見《み》るのも楽《たの》しかったです。当時《とうじ》は楽器店《がっきてん》でピアノのカタログを集《あつ》めたりもしていました。そのあたりの趣味《しゅみ》は直接《ちょくせつ》仕事《しごと》につながっていますね。

あとは小学《しょうがく》2年生《ねんせい》からピアノを習《なら》っていたので、割《わり》と上《じょう》手《ず》に弾《ひ》けたんです。当時《とうじ》はピアノを弾《ひ》ける男子《だんし》があまりいなくて、学校《がっこう》では合唱《がっしょう》の伴奏《ばんそう》もしていました。人見知《ひとみし》りでそんなに目立《めだ》たないタイプの子《こ》どもでしたが、ピアノを弾《ひ》かせてみたら上手《じょうず》だということで、ある意味《いみ》一目《いちもく》置《お》かれるような立場《たちば》にもなったんです。

今《いま》になってみると演奏経験《えんそうけいけん》もだいぶ仕事《しごと》に役立《やくだ》っていますね。ピアノを弾《ひ》く感触《かんしょく》がわかるし、演奏家《えんそうか》の気持《きも》ちも想《そう》像《ぞう》できます。それに、単音《たんおん》より和音《わおん》の方《ほう》が音《おと》の響《ひび》きはわかりやすいので、音《おと》を聞《き》き分《わ》ける力《ちから》もついたんです。

Q この仕事《しごと》の魅力《みりょく》、やりがいを教《おし》えてください。

A 僕《ぼく》は小学生《しょうがくせい》の頃《ころ》からずっと調律《ちょうりつ》が好《す》きな珍《めずら》しいタイプで、他《ほか》に同《おな》じような調律師《ちょうりつし》さんに会《あ》ったことはありません。だから、趣味《しゅみ》が仕事《しごと》になっている楽《たの》しさはあります。趣味《しゅみ》を仕事《しごと》にすると嫌《きら》いになるという話《はなし》もよく聞《き》きますが、嫌《きら》いにならずに続《つづ》けているし、やりたいことを仕《し》事《ごと》にできてるのは幸《しあわ》せだと思《おも》うんです。道具《どうぐ》かばんだけあればいろいろな土地《とち》へ行《い》けるし、いろいろな楽器《がっき》を見《み》るのも面白《おもしろ》いし、手《て》に職《しょく》がついているからずっと続《つづ》けられるし、いいところがたくさんある仕事《しごと》だと思《おも》います。

昔《むかし》は義務感《ぎむかん》を感《かん》じて仕事《しごと》に追《お》われている部分《ぶぶん》もありましたが、最近《さいきん》は気持《きも》ちに余裕《よゆう》が出《で》てきたのか、調律《ちょうりつ》をするのがすごく楽《たの》しいんです。僕《ぼく》はいつも、変《へん》に自分《じぶん》を主張《しゅちょう》せず、ピアノが自然《しぜん》に鳴《な》る状態《じょうたい》にしようという気持《きも》ちで仕事《しごと》をしています。それでピアノの全体的《ぜんたいてき》な響《ひび》きもよくなるし、お客《きゃく》さんもすごく喜《よろこ》んでくれます。やっぱり自分《じぶん》の目指《めざ》す方《ほう》向《こう》でよかったんだとわかったのが、余裕《よゆう》を持《も》っていられる原因《げんいん》なのかもしれませんね。

Q 仕事《しごと》をする上《うえ》で自分《じぶん》なりに工夫《くふう》していることはありますか?

A 仕事《しごと》の効率《こうりつ》はいつも考《かんが》えています。この作業《さぎょう》をするためにはまずこっちをやってと、無駄《むだ》のない流《なが》れで進《すす》めたいんです。なので、ちょっとした空《あ》き時間《じかん》に調律道《ちょうりつどう》具《ぐ》を準備《じゅんび》したりもします。ふだんの生活《せいかつ》でもそういうところがあるので、時間《じかん》を短縮《たんしゅく》したいというよりは、もともとの性格《せいかく》なのかもしれません。

あとは努力《どりょく》を続《つづ》けることですね。仕事《しごと》を始《はじ》めてからは、早《はや》く上手《じょうず》になろうと努力《どりょく》してきました。夜遅《よるおそ》くまで仕事《しごと》をしたりして、他《ほか》の人《ひと》より長《なが》い時間《じかん》ピアノに触《ふ》れていました。僕《ぼく》はピアノ調律《ちょうりつ》を目指《めざ》す子《こ》に「石《いし》の上《うえ》にも三年《さんねん》だよ」と言《い》っているんです。３年間《ねんかん》は何《なに》が何《なん》でもがんばる必要《ひつよう》があって、次《つぎ》の段階《だんかい》が見《み》えてくるのはだいたい10年目《ねんめ》。僕《ぼく》もそれくらいの時期《じき》になって、ようやくやっていけるかなと感《かん》じられました。それ以降《いこう》は努力《どりょく》の継続《けいぞく》ですね。今《いま》の実力《じつりょく》に満足《まんぞく》せず、少《すこ》しでも上手《うま》くなりたいんです。仕事《しごと》に使《つか》う品物《しなもの》も新《あたら》しくていいものがどんどん出《で》ているし、これからも取《と》り入《い》れながらやっていこうと思《おも》っています。

Q 子《こ》どもの頃《ころ》にもっとしておけばよかったと思《おも》うことは?

A 語学《ごがく》を勉強《べんきょう》しておけばよかったなとは思《おも》います。調《ちょう》律《りつ》自体《じたい》は技術《ぎじゅつ》さえあれば世界中《せかいじゅう》のどこでもできる仕《し》事《ごと》です。ただ、演奏会《えんそうかい》ではピアニストの希望《きぼう》に合《あ》わせた調《ちょう》整《せい》もするので、コミュニケーションは取《と》れたほうがいいんです。具体的《ぐたいてき》には英語《えいご》ですね。実《じつ》は社会人《しゃかいじん》になってからドイツ語《ご》を習《なら》ったこともあるのですが、それだとドイツとオーストリアの人《ひと》にしか通《つう》じないんですよ。イタリアに行《い》ったときも英語《えいご》を使《つか》っていたし、広《ひろ》い範囲《はんい》で通《つう》じるのは英語《えいご》なんです。自分《じぶん》で話《はな》せるとかなり便利《べんり》なので、子《こ》どもの頃《ころ》からやっておくとだいぶ役立《やくだ》ちます。

あとは絵《え》も勉強《べんきょう》しておけばよかったですね。もしやっていたら、色《いろ》の感覚《かんかく》を音作《おとづく》りに生《い》かせるように思《おも》うんです。知《し》り合《あ》いには絵《え》やカメラにこだわっている調律師《ちょうりつし》も結構《けっこう》いて、音楽《おんがく》と美術《びじゅつ》で分野《ぶんや》は違《ちが》っても、どこかつながっている気《き》もします。今《いま》からでも始《はじ》められたらいいなとは思《おも》いますが、大人《おとな》になるとなかなか時間《じかん》が取《と》れないので、子《こ》どもの頃《ころ》にやっておきたかったですね。

Q ピアノ調律師《ちょうりつし》に興味《きょうみ》を持《も》っている人《ひと》にメッセージをお願《ねが》いします。

A 最初《さいしょ》に仕事《しごと》を覚《おぼ》えるのは大変《たいへん》ですが、一回身《いっかいみ》についた技術《ぎじゅつ》はなくならないから、ピアノ調律師《ちょうりつし》は何歳《なんさい》になっても続《つづ》けられます。実際《じっさい》、僕《ぼく》の知《し》り合《あ》いにも80歳過《さいす》ぎの調律師《ちょうりつし》さんがいるんですよ。それに、実力《じつりょく》をつければお客《きゃく》さんも増《ふ》えていき、かばんひとつで世界中《せかいじゅう》を回《まわ》れるようにもなります。努力《どりょく》した分《ぶん》だけその結果《けっか》が出《で》る、本当《ほんとう》に面《おも》白《しろ》い仕事《しごと》なんです。最近《さいきん》はなり手《て》の数《かず》も減《へ》っているから、がんばれば特別《とくべつ》な存在《そんざい》になれるかもしれません。

もしピアノ調律師《ちょうりつし》に興味《きょうみ》を持《も》ったら、自分《じぶん》の目《め》で仕事《しごと》の様子《ようす》を見《み》ると発見《はっけん》があるかもしれません。皆《みな》さんの学校《がっこう》にあるピアノも年《ねん》に１回《かい》は調律《ちょうりつ》をしていて、家《いえ》にピアノがなくても見《み》るチャンスはあるんです。ですから、音楽《おんがく》の先生《せんせい》に見学《けんがく》できるか聞《き》いてみるのもいいでしょうね。僕自身《ぼくじしん》も見学《けんがく》はよく受《う》け入《い》れているし、歓迎《かんげい》してくれる調律師《ちょうりつし》さんも多《おお》いはずです。その上《うえ》で調律師《ちょうりつし》になりたいと思《おも》ったら、ぜひ目指《めざ》してみてください。その先《さき》には夢《ゆめ》のある世界《せかい》が広《ひろ》がっているはずです。

Q どんな人《ひと》がピアノ調律師《ちょうりつし》に向《む》いていると思《おも》いますか?

A 最初《さいしょ》から耳《みみ》がいい必要《ひつよう》はありません。まずはピアノや音楽《おんがく》を好《す》きで、その上《うえ》で細《こま》かい作業《さぎょう》を好《す》きなことが大事《だいじ》だと思《おも》います。音《おと》の聞《き》き方《かた》は訓練《くんれん》すれば覚《おぼ》えられるし、調律《ちょうりつ》や整調《せいちょう》の技術《ぎじゅつ》も練習《れんしゅう》で身《み》につきます。ですが、多《おお》くのことを覚《おぼ》えて仕事《しごと》をずっと続《つづ》けていくには、好《す》きじゃないと難《むずか》しいような気《き》はします。調律《ちょうりつ》は一弦《いちげん》ずつ音《おと》を聞《き》いて、部品《ぶひん》もすみずみまで見《み》てと、細《こま》かい部分《ぶぶん》を徹底《てってい》しないといけない仕事《しごと》ですから、じっくり突《つ》き詰《つ》めることを楽《たの》しむ気持《きも》ちがあるといいですね。

他《ほか》の調律師《ちょうりつし》を見《み》ると、本当《ほんとう》にいろいろな人《ひと》がいると感《かん》じます。こだわりの強《つよ》い人《ひと》、個性《こせい》のかたまりみたいな人《ひと》もいるし、中《なか》には短気《たんき》な人《ひと》もいます。ただ、ピアノというのは、ピアニストがいくら弾《ひ》いても壊《こわ》れないように作《つく》られていますが、僕《ぼく》たちピアノ調律師《ちょうりつし》が失敗《しっぱい》すると壊《こわ》れてしまうんですよ。ですから、自分《じぶん》の腕《うで》でこの楽器《がっき》をどうにかしてやろうというのではなく、素直《すなお》にピアノと向《む》き合《あ》う気持《きも》ちを持《も》つことも大切《たいせつ》なんです。

ピアノ調律師《ちょうりつし》の仕事場《しごとば》

越智《おち》さんが数多《かずおお》くのピアノを手《て》がけてきた、ファツィオリジャパンの調整室《ちょうせいしつ》。
作業《さぎょう》を進《すす》めやすいようきれいに整理整頓《せいりせいとん》されています。

調整用椅子《ちょうせいよういす》

ドイツから取《と》り寄《よ》せた逸品《いっぴん》

座《すわ》らないとタイヤにロックがかかって動《うご》かず、座《すわ》っていると移動《いどう》できる作業用《さぎょうよう》の椅子《いす》です。もともとはドイツのピアノ工場《こうじょう》で使《つか》われていた職人用《しょくにんよう》の椅子《いす》で、気《き》に入《い》って日本《にっぽん》に取《と》り寄《よ》せました。

作業台《さぎょうだい》

作業《さぎょう》を支《ささ》える工夫《くふう》

グランドピアノの鍵盤《けんばん》とアクションが乗《の》せられる横幅《よこはば》があり、作業《さぎょう》をしやすいように高《たか》さも調整《ちょうせい》した作業机《さぎょうづくえ》です。整調《せいちょう》などの手《て》作業《さぎょう》の他《ほか》にも、書類作《しょるいづく》りなどの事務作業《じむさぎょう》もできます。

キャリーケース

どこでも仕事《しごと》ができる準備《じゅんび》

演奏会場《えんそうかいじょう》や個人宅《こじんたく》など、会社以外《かいしゃいがい》で仕事《しごと》をするときはこれを持《も》っていきます。どこでも調律《ちょうりつ》、整調《せいちょう》ができるよう、必要《ひつよう》な工具類《こうぐるい》、道具類一式《どうぐるいいっしき》をこの中《なか》にいつもそろえています。

道具《どうぐ》入《い》れ

消耗品《しょうもうひん》はここに保管《ほかん》

手《て》入《い》れに使《つか》う接着剤《せっちゃくざい》・研磨剤《けんまざい》などの薬品類《やくひんるい》、交換用《こうかんよう》の部品類《ぶひんるい》など、消耗品《しょうもうひん》はここにしまっています。ピアノ用品専門店《ようひんせんもんてん》などで買《か》っていて、必要《ひつよう》なものは特注《とくちゅう》もするそうです。

オーディオ機器《きき》

音響装置《おんきょうそうち》にもこだわる

調律《ちょうりつ》の参考《さんこう》に演奏《えんそう》を聞《き》いたり、仕事中《しごとちゅう》のBGMにしたりと音楽《おんがく》を聞《き》く機会《きかい》も少《すく》なくありません。越智《おち》さんは音響《おんきょう》にもこだわり、2種類《しゅるい》のオーディオ機器《きき》と音楽《おんがく》CDを用意《ようい》しています。

工具棚《こうぐだな》

キャスター付《つ》きで動《うご》かせる

ドライバーなどよく使《つか》う工具《こうぐ》は外《そと》に出《だ》していますが、その他《ほか》の工具類《こうぐるい》はここに保管《ほかん》しています。キャスター付《つ》きで、作業《さぎょう》をするときは棚《たな》ごとピアノの横《よこ》に動《うご》かして道具《どうぐ》を取《と》り出《だ》します。

ならし台《だい》

低《ひく》い姿勢《しせい》にも対応《たいおう》!

鍵盤《けんばん》ならしやハンマーの距離調整《きょりちょうせい》など、低《ひく》い姿勢《しせい》でピアノをのぞき込《こ》むような作業《さぎょう》も多数《たすう》あります。そうしたときに座《すわ》るための台座《だいざ》で、ピアノの梱包材《こんぽうざい》から作《つく》った手作《てづく》り品《ひん》です。

越智《おち》さんこだわりの
7つ道具《どうぐ》

「これさえあれば一生仕事《いっしょうしごと》ができる」という
越智《おち》さんの仕事道具《しごとどうぐ》の数々《かずかず》。
専門店《せんもんてん》で買《か》い求《もと》めたり自作《じさく》したりと、
時間《じかん》をかけて集《あつ》めた優《すぐ》れものばかりです。

▼ドライバー

どんな種類《しゅるい》のねじにも対応《たいおう》

ピアノの部品《ぶひん》には多《おお》くの種類《しゅるい》のねじが使《つか》われていて、一台《いちだい》のピアノでも大《おお》きさや規格《きかく》はさまざま。どんなねじにも対応《たいおう》できるよう、ドライバーの先端部《せんたんぶ》もたくさん用意《ようい》しています。

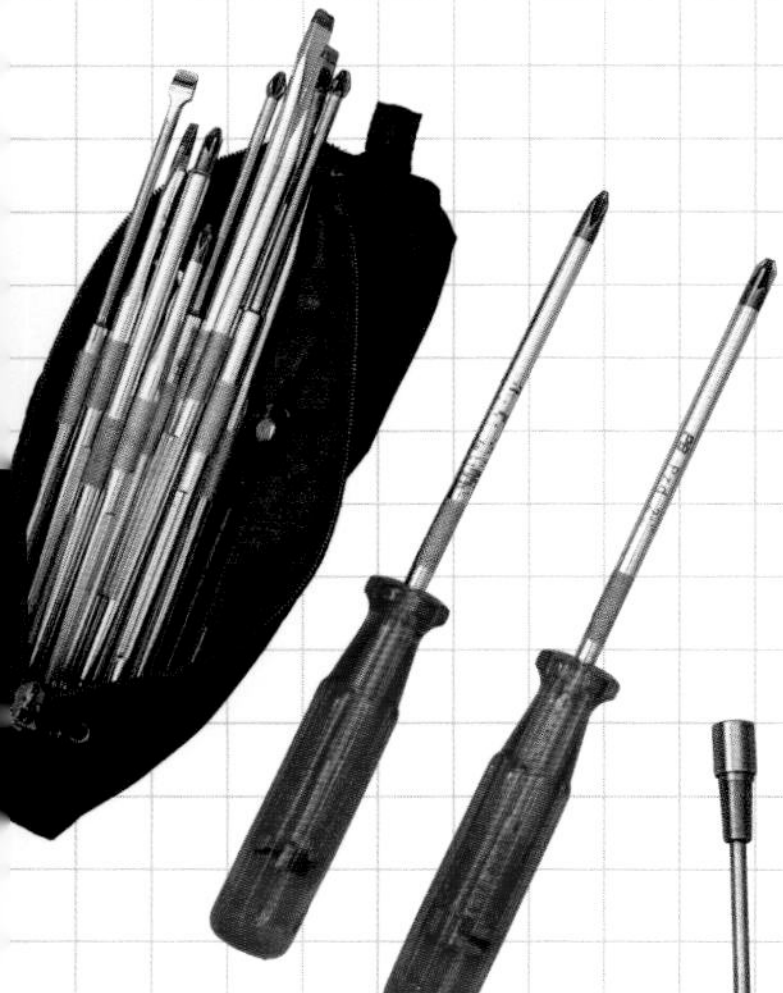

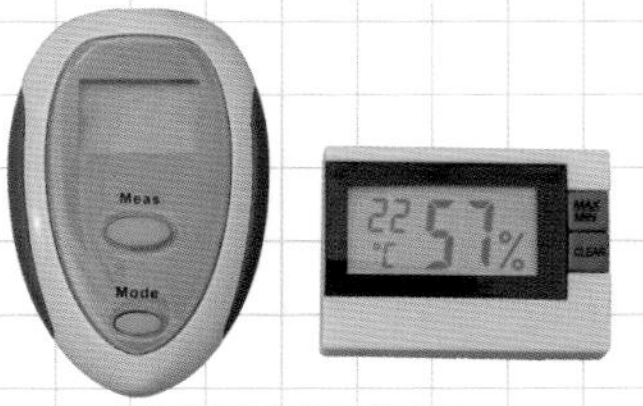

▲赤外線温度計《せきがいせんおんどけい》・温湿度計《おんしつどけい》

温度《おんど》・湿度《しつど》もしっかりチェック

どちらも主《おも》に外部《がいぶ》での調律《ちょうりつ》に使《つか》う道具《どうぐ》です。ピアノの鉄骨部分《てっこつぶぶん》などが冷《ひ》えすぎていると温度変化《おんどへんか》による膨張《ぼうちょう》で音程《おんてい》が変《か》わってしまうので、左《ひだり》の赤外線温度計《せきがいせんおんどけい》でピアノの温度《おんど》をチェック。右《みぎ》の温湿度計《おんしつどけい》はまわりの環境《かんきょう》を把握《はあく》するために気《き》温《おん》・湿度《しつど》を測《はか》り、調律時《ちょうりつじ》の状況《じょうきょう》を記録《きろく》に残《のこ》しておきます。

▶調律《ちょうりつ》セット

ピアノの音程《おんてい》を作《つく》り出《だ》す

右《みぎ》のチューニングハンマーはチューニングピンを回《まわ》して弦《げん》を調《ちょう》節《せつ》する道具《どうぐ》。長《なが》さによって力《ちから》の入《い》れ具合《ぐあい》が変《か》わり、音《おと》の仕上《しあ》がりも変化《へんか》します。左《ひだり》の２つは弦《げん》を押《お》さえて音《おと》を止《と》める道具《どうぐ》で、真《ま》ん中《なか》のロングミュートは複数《ふくすう》の弦《げん》、左《ひだり》のフェルトウェッジはひとつの弦《げん》に対《たい》して使《つか》います。

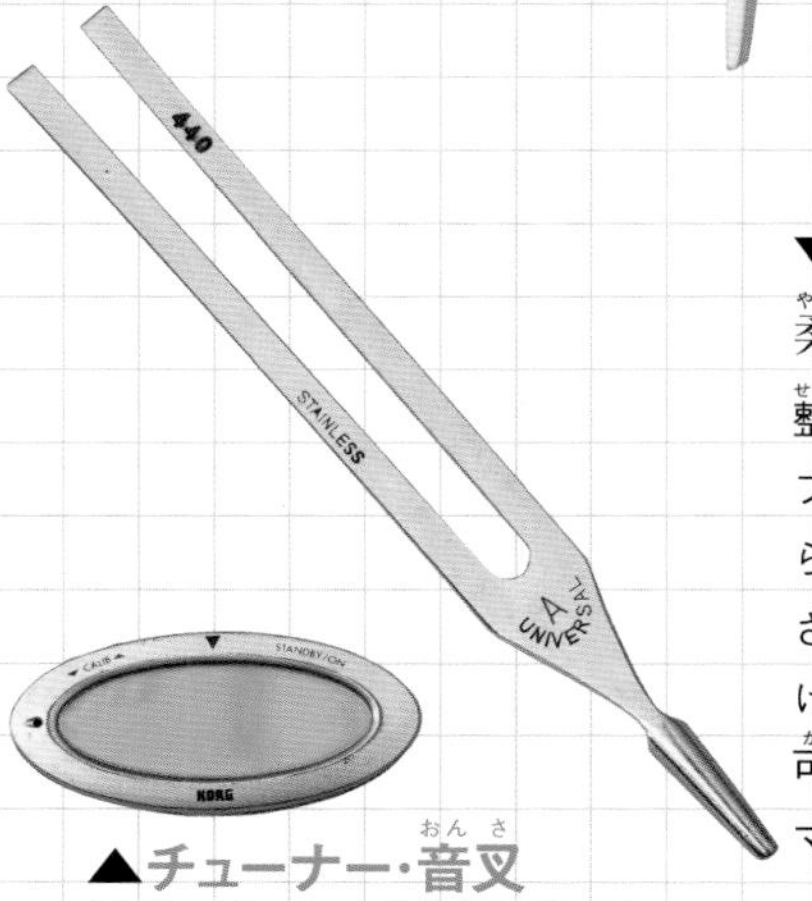

▲チューナー・音叉《おんさ》

音程《おんてい》を決《き》める周波数《しゅうはすう》を計測《けいそく》

調律《ちょうりつ》の一番最初《いちばんさいしょ》に基準《きじゅん》の音《おと》を取《と》るために使《つか》います。音叉《おんさ》はピアノ調《ちょう》律師《りつし》が昔《むかし》から使《つか》ってきましたが、周波数《しゅうはすう》が温度《おんど》で変《か》わってしまうため、主《おも》にチューナーを利用《りよう》しています。最近《さいきん》ではスマートフォンのアプリも活用《かつよう》しているそうです。

▼整音《せいおん》セット

柔《やわ》らかくきれいな音《おと》を作《つく》る

整音《せいおん》ではピッカーの針《はり》でハンマーフェルトを刺《さ》し、弾力《だんりょく》を与《あた》えて柔《やわ》らかい音《おと》を作《つく》り出《だ》します。針《はり》の長《なが》さ・本数《ほんすう》は目的《もくてき》に合《あ》わせて使《つか》い分《わ》けており、先端《せんたん》だけの取《と》り替《か》えも可能《かのう》。整音台《せいおんだい》は作業《さぎょう》のときにハンマーを乗《の》せる台座《だいざ》です。

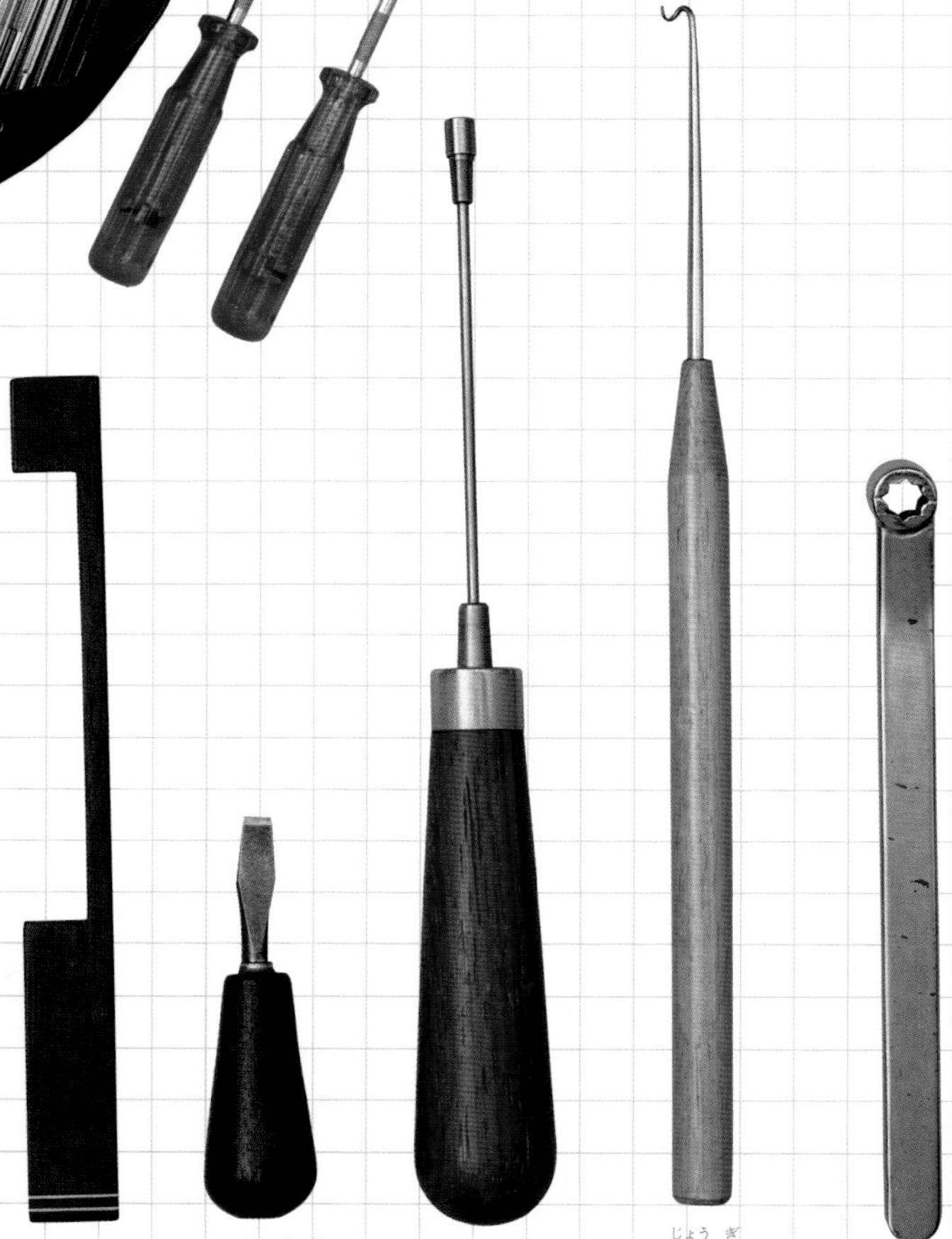

▲アクション整調《せいちょう》セット

精密《せいみつ》な動《うご》きを測《はか》って調整《ちょうせい》

アクションはピアノの動《うご》きを司《つかさど》る大事《だいじ》な部分《ぶぶん》なので、計測《けいそく》・調整《ちょうせい》の専用工具《せんようこうぐ》もたくさん。左《ひだり》から打弦《だげん》距離定規《きょりじょうぎ》、ドロップスクリュードライバー、レギュレチングスクリュードライバー、スプリングアジャスター、ベディングスクリューレンチで、この他《ほか》にもさまざまな道具《どうぐ》があります。

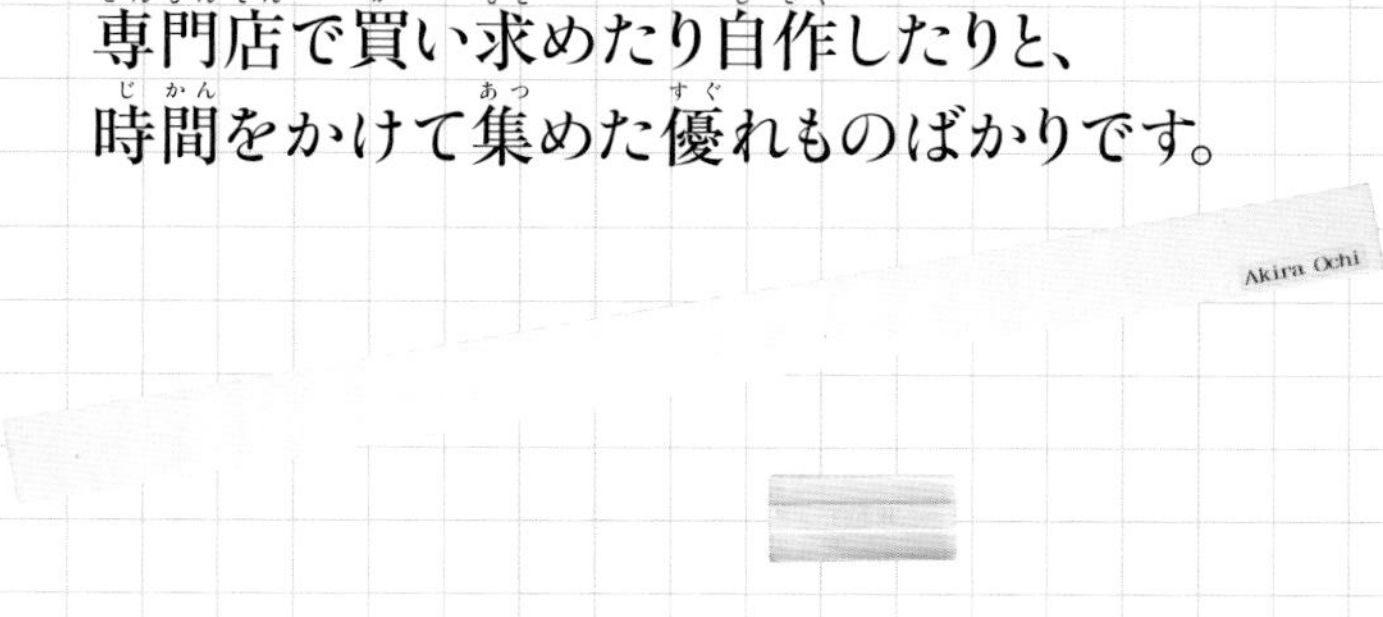

▶ならし定規《じょうぎ》・あがき定規《じょうぎ》

必要《ひつよう》な道具《どうぐ》は自分《じぶん》で用意《ようい》

白《しろ》いならし定規《じょうぎ》は弾《ひ》く前《まえ》の鍵盤《けんばん》の高《たか》さ、透明《とうめい》のあがき定規《じょうぎ》は弾《ひ》いた後《あと》の鍵盤《けんばん》の深《ふか》さ（あがき）を確認《かくにん》します。ならし定規《じょうぎ》は高《たか》さを見《み》るためきれいな直線《ちょくせん》であることが大事《だいじ》で、アクリル板《ばん》をカットして作《つく》りました。あがき定規《じょうぎ》も注文《ちゅうもん》して作《つく》ったものです。

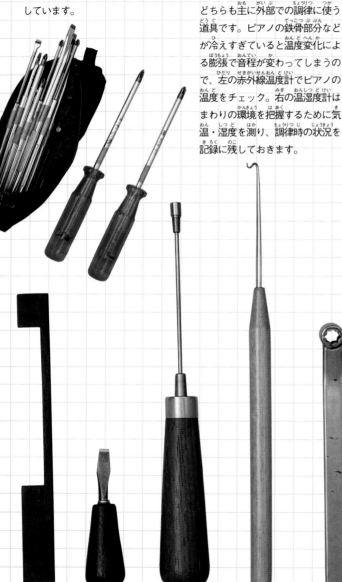

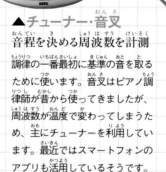

ピアノ調律師《ちょうりつし》ってどうしたらなれるの?

中学《ちゅうがく》 3年《ねん》 15歳《さい》

高校《こうこう》 3年《ねん》 18歳《さい》

調律学校《ちょうりつがっこう》 1年《ねん》

音楽系専門学校《おんがくけいせんもんがっこう》 2年《ねん》～

仕事《しごと》をするために必須《ひっす》の資格《しかく》はありませんが、技術《ぎじゅつ》と知識《ちしき》が必要《ひつよう》です。

調律《ちょうりつ》・整調《せいちょう》の方法《ほうほう》、音《おと》の聞《き》き方《かた》などの基本《きほん》は、調律学校《ちょうりつがっこう》[*1]や音楽系専門学校《おんがくけいせんもんがっこう》などで学《まな》べます。

ピアノメーカー、楽器販売店《がっきはんばいてん》などに就職《しゅうしょく》

卒業後《そつぎょうご》の主《おも》な就職先《しゅうしょくさき》はピアノメーカー、楽器販売店《がっきはんばいてん》など。

現場《げんば》で数多《かずおお》くのピアノに触《ふ》れながらピアノ調律師《ちょうりつし》としての実力《じつりょく》を身《み》につけていきます。

一定期間《いっていきかん》の実務経験《じつむけいけん》があると、ピアノ調律技能士《ちょうりつぎのうし》[*2]の資格《しかく》を取《と》ることもできます。

ピアノ調律師《ちょうりつし》

一人前《いちにんまえ》のピアノ調律師《ちょうりつし》になるには時間《じかん》と経験《けいけん》が必要《ひつよう》。
充分《じゅうぶん》な実力《じつりょく》を身《み》につければ独立《どくりつ》して個人《こじん》で仕事《しごと》を続《つづ》けたり、技術《ぎじゅつ》を磨《みが》いてコンサートチューナー[*3]を務《つと》めたりと、
仕事《しごと》の選択肢《せんたくし》も増《ふ》えていきます。

*1 調律学校《ちょうりつがっこう》

ピアノ調律師養成《ちょうりつしようせい》のためにピアノメーカーが運営《うんえい》している学校《がっこう》です。通常《つうじょう》は２年間以上通《ねんかんいじょうかよ》う専門学校《せんもんがっこう》と違《ちが》い、教育期間《きょういくきかん》は１年間《ねんかん》。入試《にゅうし》では聴音《ちょうおん》、筆記《ひっき》、面接《めんせつ》などの試験《しけん》があり、仕事《しごと》に直結《ちょっけつ》する技能《ぎのう》を学《まな》べます。

*2 ピアノ調律技能士《ちょうりつぎのうし》

整調《せいちょう》、整音《せいおん》、修理《しゅうり》も含《ふく》めたピアノ調律《ちょうりつ》の技能《ぎのう》を認定《にんてい》する国家資格《こっかしかく》です。資格《しかく》には１～３級《きゅう》があり、それぞれの受験《じゅけん》には一定《いってい》の実務経験《じつむけいけん》または学歴《がくれき》が求《もと》められます。試験内容《しけんないよう》は学科《がっか》と実技《じつぎ》があります。

*3 コンサートチューナー

コンサートで使《つか》われるグランドピアノを調律《ちょうりつ》するピアノ調律師《ちょうりつし》。ピアニストの希望《きぼう》や演奏曲《えんそうきょく》に合《あ》わせて調律《ちょうりつ》できる高《たか》い技術《ぎじゅつ》を持《も》ち、コンサートツアーの同行《どうこう》、ピアノコンクールでの調律《ちょうりつ》などの仕事《しごと》も行《おこな》います。

平均給与月額《へいきんきゅうよげつがく》

48万《まん》3,000円《えん》

推定平均年収《すいていへいきんねんしゅう》

約《やく》580万円《まんえん》

お給料《きゅうりょう》っていくら?

メーカーに勤《つと》める場合《ばあい》は会社《かいしゃ》からの給与《きゅうよ》が収入《しゅうにゅう》になります。フリーランスの収入《しゅうにゅう》は売《う》り上《あ》げで大《おお》きく変《か》わるため、お客《きゃく》さんに営業活動《えいぎょうかつどう》をするなど、技能以外《ぎのういがい》の面《めん》でも努力《どりょく》が必要《ひつよう》です。

厚生労働省《こうせいろうどうしょう》 令和《れいわ》4年《ねん》賃金《ちんぎん》構造《こうぞう》基本《きほん》統計《とうけい》調査《ちょうさ》より。

指揮者ってどんな仕事《しごと》？

下野竜也《しものたつや》さん

音楽表現《おんがくひょうげん》を高《たか》めるまとめ役《やく》

指揮者《しきしゃ》の役割《やくわり》は質《しつ》の高《たか》い演奏《えんそう》をするため、オーケストラやオペラ、合唱《がっしょう》などで演奏家《えんそうか》をまとめること。指揮棒《しきぼう》を振《ふ》って指示《しじ》を出《だ》す姿《すがた》が印象的《いんしょうてき》ですが、仕事《しごと》はそれだけではありません。コンサート前《まえ》には楽譜《がくふ》を読《よ》んで演奏《えんそう》プランを考《かんが》え、プラン通《どお》りの演奏《えんそう》ができるよう練習《れんしゅう》で演奏家《えんそうか》を指導《しどう》。本番《ほんばん》では演奏家《えんそうか》と一緒《いっしょ》に舞台《ぶたい》に立《た》ち、音《おと》の強弱《きょうじゃく》やテンポ、演奏《えんそう》の入《はい》りなどをコントロールします。指揮法《しきほう》や聴音《ちょうおん》といった音楽《おんがく》の技能《ぎのう》はもちろん、演奏家《えんそうか》とのコミュニケーション能力《のうりょく》、人《ひと》をまとめるマネジメント能力《のうりょく》など、総合的《そうごうてき》な力《ちから》が必要《ひつよう》とされる職業《しょくぎょう》です。

日本国内《にっぽんこくない》・国外《こくがい》で活躍《かつやく》する指揮者《しきしゃ》

仕事《しごと》の仕方《しかた》は常任指揮者《じょうにんしきしゃ》として同《おな》じオーケストラを指揮《しき》したり、客演指揮者《きゃくえんしきしゃ》として特定《とくてい》のコンサートを指揮《しき》したりとさまざま。オーケストラで音楽監督《おんがくかんとく》などの役職《やくしょく》を務《つと》め、プログラム作成《さくせい》や演奏家《えんそうか》の人選《じんせん》に関《かか》わることもあります。

下野《しもの》さんは日本《にっぽん》・海外《かいがい》の指揮者《しきしゃ》コンクールで優勝《ゆうしょう》し、読売日本交響楽団《よみうりにっぽんこうきょうがくだん》、広島交響楽団《ひろしまこうきょうがくだん》、ＮＨＫ交響楽団《こうきょうがくだん》など数々《かずかず》のオーケストラに所属《しょぞく》した、日本《にっぽん》を代表《だいひょう》するクラシック音楽指揮者《おんがくしきしゃ》。楽譜《がくふ》を深《ふか》く理解《りかい》した表現《ひょうげん》に定評《ていひょう》があり、国外《こくがい》も含《ふく》めた数多《かずおお》くの演奏会《えんそうかい》で精力的《せいりょくてき》に活動《かつどう》しています。

下野《しもの》さんの一日《いちにち》

事前準備《じぜんじゅんび》

コンサート前日《ぜんじつ》

13:00　**ホールに到着《とうちゃく》**

13:30　**リハーサル**

17:00　**解散《かいさん》**

17:30　**ホテルへ戻《もど》る**

コンサート当日《とうじつ》

11:00　**ホールに到着《とうちゃく》**

11:30　**ゲネプロ**

13:00　**ゲネプロ終了《しゅうりょう》**

14:00　**本番準備《ほんばんじゅんび》**

15:00　**コンサート開演《かいえん》**

16:00　**休憩《きゅうけい》**

17:00　**コンサート終了《しゅうりょう》**

18:00　**帰宅《きたく》**

指揮者《しきしゃ》の仕事《しごと》

事前準備《じぜんじゅんび》

下野《しもの》さんが指揮《しき》するのは、音楽総監督《おんがくそうかんとく》*1を務《つと》めるプロオーケストラ・広島交響楽団《ひろしまこうきょうがくだん》（広響《ひろきょう》）の「平和《へいわ》の夕《ゆう》べ」コンサート。広島市《ひろしまし》を本拠地《ほんきょち》にする広響《ひろきょう》が大事《だいじ》にしている年《ねん》に一度《いちど》の演奏会《えんそうかい》です。準備《じゅんび》を始《はじ》めたのは本番《ほんばん》の約《やく》2年前《ねんまえ》。原爆《げんばく》の犠牲者《ぎせいしゃ》を音楽的《おんがくてき》に追悼《ついとう》するというテーマと、それにふさわしい曲《きょく》、ソリスト*2をマネジメント担当者《たんとうしゃ》と決定《けってい》します。

本番《ほんばん》が近《ちか》づくと作曲家《さっきょくか》の伝記《でんき》などの資料《しりょう》を集《あつ》めて曲《きょく》の背景《はいけい》を調《しら》べ、全《ぜん》パートをまとめた楽譜《がくふ》（総譜《そうふ》）をじっくり分析《ぶんせき》。拍子《ひょうし》、和音《わおん》などのポイントを楽譜《がくふ》に書《か》き込《こ》みながら演奏《えんそう》プランを立《た》てます。こうした事前研究《じぜんけんきゅう》は「勉強《べんきょう》」といい、演奏会前《えんそうかいまえ》に必《かなら》ず行《おこな》う作業《さぎょう》です。

コンサート前日《ぜんじつ》 13:00 ホールに到着《とうちゃく》

演奏会前《えんそうかいまえ》には演奏家《えんそうか》を集《あつ》め、演奏《えんそう》プランを理解《りかい》してもらうために数日間《すうじつかん》の練習《れんしゅう》を開催《かいさい》。前日《ぜんじつ》には本番会場《ほんばんかいじょう》でのリハーサルが開《ひら》かれました。

会場《かいじょう》に着《つ》くと楽屋《がくや》に入《はい》り、楽譜《がくふ》や指揮棒《しきぼう》を用意《ようい》して練習着《れんしゅうぎ》に着替《きが》えます。準備《じゅんび》の間《あいだ》も独唱《どくしょう》をするソリストがリラックスできるよう話《はなし》をしたり、

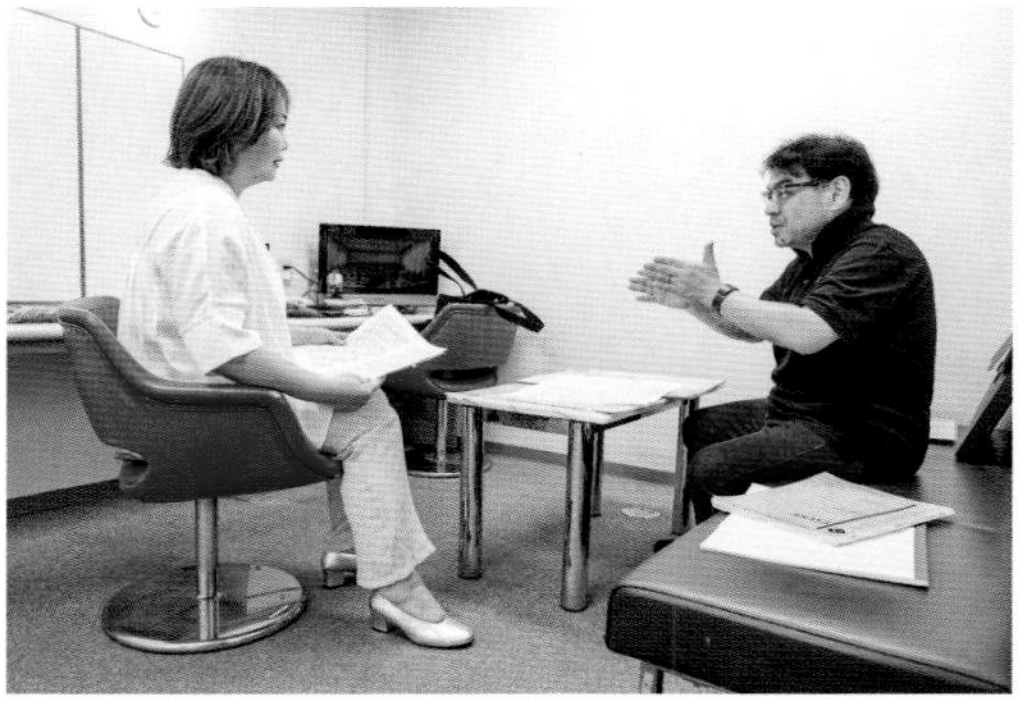

演奏家《えんそうか》のまとめ役《やく》であるコンサートマスターから音楽上《おんがくじょう》の相談《そうだん》を受《う》けたりと、楽屋《がくや》で多《おお》くの人《ひと》に対応《たいおう》します。

準備《じゅんび》が整《ととの》うと楽譜《がくふ》を改《あらた》めて確認《かくにん》し、リハーサル開始《かいし》よりやや早《はや》めに会場入《かいじょうい》り。舞台上《ぶたいじょう》を監督《かんとく》するステージマネージャーと会場《かいじょう》の音響《おんきょう》などについて話《はな》し合《あ》います。

13:30 リハーサル

リハーサルでは効率《こうりつ》よく進行《しんこう》できるよう演奏順《えんそうじゅん》を入《い》れ替《か》え、本番《ほんばん》の曲《きょく》をすべて演奏《えんそう》します。ステージに上《あ》がる演奏家《えんそうか》・歌手《かしゅ》は約《やく》１６０人《にん》。指揮棒《しきぼう》を振《ふ》って演奏《えんそう》をコントロールしながら各《かく》パートの音《おと》を聴《き》き取《と》り、気《き》になる点《てん》があれば改善点《かいぜんてん》を伝《つた》えます。

演奏家《えんそうか》が集中力《しゅうちゅうりょく》を持《も》って練《れん》習《しゅう》できるよう、いろいろ工夫《くふう》をしています。うまく演奏《えんそう》で

*1 音楽総監督《おんがくそうかんとく》……任期《にんき》は2017年《ねん》4月《がつ》～2024年《ねん》3月《がつ》まで。

*2 ソリスト……オーケストラをバックにひとりで歌《うた》ったり演奏《えんそう》したりする演奏家《えんそうか》。

きているパートはそのまま進《すす》め、こだわるべき点《てん》は何度《なんど》も練習《れんしゅう》。演奏《えんそう》で気《き》づいた点《てん》があればその場《ば》ですぐに伝《つた》えるなど、ステージ上《じょう》を広《ひろ》い視点《してん》で見《み》て、メリハリをつけた進行《しんこう》と説得力《せっとくりょく》のある言葉《ことば》で演奏《えんそう》をまとめ上《あ》げていきます。

17:00 解散《かいさん》

下野《しもの》さんの指示《しじ》で途中《とちゅう》で何度《なんど》かの休憩《きゅうけい》をはさんでリハーサルは時間通《じかんどお》りに終了《しゅうりょう》。決《き》められた時間内《じかんない》に終《お》わらせるのも指揮者《しきしゃ》の大事《だいじ》な役割《やくわり》で、本番《ほんばん》に向《む》けていい準備《じゅんび》が整《ととの》いました。

この日《ひ》は別《べつ》の演奏会《えんそうかい》の打《う》ち合《あ》わせをオーケストラのマネージメント担当者《たんとうしゃ》と行《おこな》い、本番《ほんばん》に備《そな》えてホテルで体《からだ》を休《やす》めます。

コンサート当日《とうじつ》 11:00 ホールに到着《とうちゃく》

本番当日《ほんばんとうじつ》はたくさんの荷物《にもつ》を持《も》って会場《かいじょう》に到着《とうちゃく》。楽屋《がくや》に入《はい》るとスーツや靴《くつ》などの衣装《いしょう》類《るい》、くしや眼鏡《めがね》などの身《み》だしなみセット、本番用《ほんばんよう》の楽譜《がくふ》を決《き》まった場所《ばしょ》に並《なら》べます。楽《がく》屋《や》が乱雑《らんざつ》だと演奏《えんそう》も雑《ざつ》になってしまう気《き》がするので、整理《せいり》整頓《せいとん》を心《こころ》がけているそうです。

楽譜《がくふ》を見《み》ながらゲネプロの準備《じゅんび》を進《すす》めていると、演奏曲《えんそうきょく》の作曲家《さっきょくか》である糀場《こうじば》さんが来《らい》室《しつ》。現役《げんえき》の作曲家《さっきょくか》と一緒《いっしょ》に仕《し》事《ごと》をするのは、曲《きょく》に込《こ》めた思《おも》いを直接《ちょくせつ》聞《き》けるいい機会《きかい》のため、本番《ほんばん》に向《む》けた最終確認《さいしゅうかくにん》も行《おこな》いました。

11:30 ゲネプロ

ゲネプロは本番《ほんばん》と同《おな》じ環境《かんきょう》で行《おこな》う最終《さいしゅう》リハーサルのこと。

オーケストラの事務的《じむてき》なまとめ役《やく》であるインスペクターに段取《だんど》りや連絡事項《れんらくじこう》を伝《つた》え、ステージへと向《む》かいます。

会場《かいじょう》での練習《れんしゅう》は前日《ぜんじつ》に終《お》わっており、演奏《えんそう》もほぼプラン通《どお》りにできているため、ゲネプロではポイントとなる部《ぶ》分《ぶん》だけを練習《れんしゅう》します。ソリストや合唱隊《がっしょうたい》が本番《ほんばん》までに充分《じゅうぶん》な休憩《きゅうけい》を取《と》れるよう、歌《うた》のパートを先《さき》にしたりと練習順《れんしゅうじゅん》も調整《ちょうせい》。歌手《かしゅ》や演奏家《えんそうか》に落《お》ち着《つ》いて音楽《おんがく》に集中《しゅうちゅう》してもらうため、密度《みつど》の高《たか》い練習《れんしゅう》で最後《さいご》の調整《ちょうせい》を行《おこな》います。

13:00 ゲネプロ終了《しゅうりょう》

広響《ひろきょう》は広島《ひろしま》を代表《だいひょう》するプロ集団《しゅうだん》として地元《じもと》のプロスポーツチーム・サンフレッチェ広《ひろ》島《しま》、広島東洋《ひろしまとうよう》カープとコラボレーション事業《じぎょう》を展開《てんかい》しており、ゲネプロの後《あと》は見学《けんがく》に訪《おとず》れた小学生《しょうがくせい》と記念写真《きねんしゃしん》を撮影《さつえい》。さらに楽屋《がくや》を訪《おとず》れた地元団体《じもとだんたい》の人《ひと》の対応《たいおう》など、オーケストラの代表《だいひょう》としての役割《やくわり》も果《は》たします。

14:00 本番準備《ほんばんじゅんび》

ゲネプロ後《ご》は楽屋《がくや》に戻《もど》り、楽譜《がくふ》を見《み》たり休《やす》んだりしながら静《しず》かに本番《ほんばん》に備《そな》えます。本《ほん》番《ばん》30分前《ぶんまえ》には衣装《いしょう》に着替《きが》えを開始《かいし》。時間《じかん》に余裕《よゆう》を持《も》って着《き》替《が》えながら本番《ほんばん》に向《む》けて気持《きも》ちを切《き》り替《か》えていくのは、デビュー当時《とうじ》から続《つづ》けている習《しゅう》慣《かん》です。

本番《ほんばん》10分前《ぶんまえ》には楽譜《がくふ》の手《て》配《はい》・管理《かんり》を担当《たんとう》するライブラリアンに楽譜《がくふ》を渡《わた》し、ステージ袖《そで》へ移動《いどう》。開演《かいえん》のナレーションで会場《かいじょう》が静《しず》かになると、ステージマネージャーに送《おく》り出《だ》されて舞台《ぶたい》へ向《む》かいます。

15:00 コンサート開演《かいえん》

指揮者《しきしゃ》は右手《みぎて》の指揮棒《しきぼう》で曲《きょく》のテンポ、左手《ひだりて》で音《おと》の強弱《きょうじゃく》や表情《ひょうじょう》を指示《しじ》します。本番中《ほんばんちゅう》は演奏《えんそう》がうまく進《すす》んでいるか聞《き》きながら、表情《ひょうじょう》・身《み》ぶりも利《り》用《よう》して言葉《ことば》を使《つか》わずにさまざまなメッセージを演奏家《えんそうか》に伝《でん》達《たつ》。練習内容《れんしゅうないよう》をいい形《かたち》で発展《はってん》させられるよう、頭《あたま》と耳《みみ》と体《からだ》を常《つね》に回転《かいてん》させています。

演奏曲《えんそうきょく》は戦争《せんそう》をモチーフにした現代音楽《げんだいおんがく》、死者《ししゃ》のために歌《うた》うレクイエムなど4曲《きょく》。会《かい》場《じょう》を埋《う》めたお客《きゃく》さんの思《おも》いにも後押《あとお》しされ、全員《ぜんいん》が力《ちから》を発《はっ》揮《き》した演奏会《えんそうかい》になりました。

17：00 コンサート終了《しゅうりょう》

終演後《しゅうえんご》はお客《きゃく》さんから大《おお》きな拍手《はくしゅ》が送《おく》られ、演奏家《えんそうか》・歌手《かしゅ》と一緒《いっしょ》にカーテンコールで応《こた》えます。

舞台袖《ぶたいそで》では難《むずか》しい演奏会《えんそうかい》をやり抜《ぬ》いてくれた演奏家《えんそうか》と握手《あくしゅ》を交《か》わし、互《たが》いに感謝《かんしゃ》と敬意《けいい》を伝《つた》えます。

その後《ご》は楽屋《がくや》に戻《もど》って着替《きが》えと片《かた》づけをします。手《て》を動《うご》かしながらその日《ひ》の演奏《えんそう》を振《ふ》り返《かえ》って気持《きも》ちを落《お》ち着《つ》かせ、会場《かいじょう》を後《あと》にするのは終演《しゅうえん》から30～40分後《ぶんご》です。

時《とき》にはこんな仕事《しごと》も

学生指導《がくせいしどう》とメディア出演《しゅつえん》

豊富《ほうふ》な音楽経験《おんがくけいけん》を後輩《こうはい》・世間《せけん》に伝《つた》える

下野《しもの》さんは指揮者《しきしゃ》としての豊富《ほうふ》な経験《けいけん》を生《い》かし、演奏会《えんそうかい》以外《いがい》にもいろいろな活動《かつどう》をしています。東京藝術大学《とうきょうげいじゅつだいがく》では客員教授《きゃくいんきょうじゅ》を務《つと》めていて、将来《しょうらい》の指揮者《しきしゃ》を目指《めざ》す学生《がくせい》たちを指導中《しどうちゅう》。楽譜《がくふ》の読《よ》み方《かた》や指揮《しき》法《ほう》などの基本《きほん》を教《おし》え、学生一人《がくせいひと》ひとりの希望分野《きぼうぶんや》と適性《てきせい》に合《あ》わせた細《こま》やかな指導《しどう》を行《おこな》っています。

学校《がっこう》では教師《きょうし》というよりも先輩指揮者《せんぱいしきしゃ》として学生《がくせい》に接《せっ》しており、若手《わかて》の発想《はっそう》から逆《ぎゃく》にいい刺激《しげき》をもらえる場《ば》でもあるそうです。こうした教育現《きょういくげん》場《ば》での活動《かつどう》を続《つづ》けている大《おお》きな理由《りゆう》は、下野《しもの》さん自身《じしん》がいい先生《せんせい》に恵《めぐ》まれてきたから。音楽界《おんがくかい》の先輩《せんぱい》たちから受《う》け取《と》ったものを次《つぎ》の世代《せだい》に渡《わた》したいという思《おも》いが強《つよ》くあるといいます。

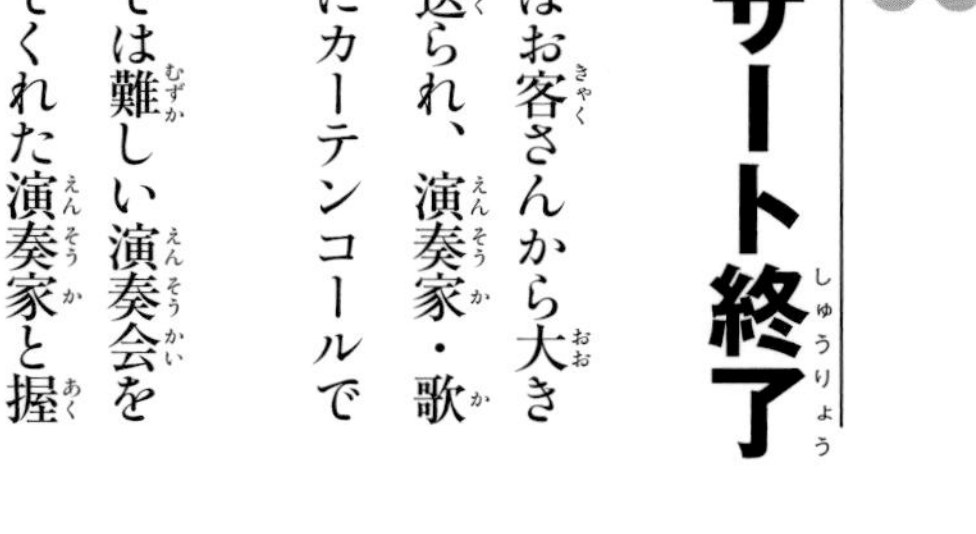

また、下野《しもの》さんはテレビ、ラジオなどのメディア出演《しゅつえん》も多数《たすう》。演奏会《えんそうかい》の放映《ほうえい》だけではなく、NHKラジオ「吹奏楽《すいそうがく》のひびき」でパーソナリティを務《つと》めたり、大河《たいが》ドラマ「鎌《かま》倉殿《くらどの》の13人《にん》」「真田丸《さなだまる》」などのテーマ曲《きょく》を指揮《しき》したりと、さまざまな形《かたち》で音楽《おんがく》の魅力《みりょく》を多《おお》くの人《ひと》に届《とど》ける活動《かつどう》を続《つづ》けています。

Q&A

下野《しもの》さんに聞《き》いてみよう!

Q なぜ指揮者《しきしゃ》になろうと思《おも》ったのですか?

A 最初《さいしょ》に指揮者《しきしゃ》を意識《いしき》したのは小学生《しょうがくせい》６年生《ねんせい》の頃《ころ》です。ジュニアオーケストラでトランペットを吹《ふ》いていて、指導《しどう》の先生《せんせい》、つまり指揮者《しきしゃ》が来《き》てくれていました。先生《せんせい》は何人《なんにん》かいて、同《おな》じ曲《きょく》でも長《なが》く吹《ふ》きなさい、短《みじか》く吹《ふ》きなさいという風《ふう》に、人《ひと》によって指導内容《しどうないよう》が違《ちが》っていたんです。当《とう》時《じ》は意味《いみ》がわからなくて、何《なん》でだろうと思《おも》いました。

同《おな》じ頃《ころ》、お小遣《こづか》いではじめてレコードを買《か》いました。指《し》揮者《きしゃ》の違《ちが》う同《おな》じ曲《きょく》を２枚《まい》です。それを聞《き》き比《くら》べたら、元《もと》は同《おな》じはずなのに全然違《ぜんぜんちが》って聞《き》こえました。子《こ》どもながらに「指揮者《しきしゃ》で音楽《おんがく》は変《か》わるんだ」と思《おも》い、指揮者《しきしゃ》に興味《きょうみ》と憧《あこが》れを持《も》つようになったんです。

ただ、音楽《おんがく》に相当詳《そうとうくわ》しくないとできない仕事《しごと》とはわかっていて、専門教育《せんもんきょういく》を受《う》けてもいなかったので、「指揮者《しきしゃ》になりたいな」「でも無理《むり》だろうな」という思《おも》いの間《あいだ》をずっと揺《ゆ》れ動《うご》いていました。一度《いちど》は音楽《おんがく》の先生《せんせい》になろうと地元大学《じもとだいがく》の教育学部《きょういくがくぶ》に進《すす》みましたが、指揮者《しきしゃ》への思《おも》いがやはり強《つよ》く、卒業後《そつぎょうご》に上京《じょうきょう》して指揮《しき》の勉強《べんきょう》をしました。

Q 小学生《しょうがくせい》・中学生《ちゅうがくせい》の頃《ころ》の得意科目《とくいかもく》や好《す》きだったことは何《なん》ですか?

A 音楽《おんがく》はもちろん好《す》きでした。小学生《しょうがくせい》の頃《ころ》からジュニアオーケストラでトランペットを吹《ふ》いていたので、授業《じゅぎょう》でやらないベートーベンのことも知《し》っているんだぞと、ちょっと生意気《なまいき》な子《こ》どもだったと思《おも》います。

他《ほか》に好《す》きな科目《かもく》は社会《しゃかい》でしたね。特《とく》に歴史《れきし》が好《す》きで、家《いえ》では事典《じてん》や伝記《でんき》もよく読《よ》んでいました。将来《しょうらい》は社会《しゃかい》の先生《せんせい》になろうと思《おも》っていた時期《じき》もあったんです。歴史《れきし》は今《いま》でも好《す》きで、仕事《しごと》にもつながっていると思《おも》います。指揮《しき》をするための作品研究《さくひんけんきゅう》では、作曲家《さっきょくか》の一生《いっしょう》を調《しら》べるために伝記《でんき》を読《よ》んだりします。恋《こい》をしていたとか家族《かぞく》が亡《な》くなったとか、曲《きょく》を書《か》いたときの出来事《できごと》から気持《きも》ちを想像《そうぞう》するんです。曲《きょく》が作《つく》られた時代《じだい》に起《お》きた事件《じけん》や世《よ》の中《なか》の様子《ようす》を調《しら》べて、作《さく》品《ひん》に与《あた》えた影響《えいきょう》を考《かんが》えることもあります。毎回大変《まいかいたいへん》な量《りょう》を勉強《べんきょう》する必要《ひつよう》がありますが、好《す》きな分野《ぶんや》なのでやっていて面白《おもしろ》いし、苦労《くろう》は全然感《ぜんぜんかん》じません。音楽《おんがく》と歴史《れきし》で少《すこ》し分野《ぶんや》は違《ちが》いますが、歴史《れきし》を知《し》ることは文化《ぶんか》を知《し》ることにもつながるし、歴史好《れきしず》きな指揮者《しきしゃ》は多《おお》いんです。

Q この仕事《しごと》の魅力《みりょく》、やりがいを教《おし》えてください。

A すぐれた作曲家《さっきょくか》の曲《きょく》を演奏家《えんそうか》と一緒《いっしょ》に作《つく》り上《あ》げていくのが指揮者《しきしゃ》の仕事《しごと》で、チームで作業《さぎょう》をする面白《おもしろ》さはあります。ただ、指揮者《しきしゃ》は楽器《がっき》を演奏《えんそう》しないので、他《ほか》の人《ひと》に音《おと》を出《だ》してもらわなくてはいけません。みんなの考《かんが》えをまとめる難《むずか》しさもあって、純粋《じゅんすい》に音楽《おんがく》だけを楽《たの》しめる場《ば》面《めん》は少《すく》ないんです。それだけに、作曲家《さっきょくか》と演奏家《えんそうか》と自分《じぶん》の思《おも》いがひとつになったような演奏《えんそう》ができたときは、一番幸《いちばんしあわ》せだなと感《かん》じます。その演奏《えんそう》をお客《きゃく》さんが喜《よろこ》んでくれたらもっとうれしいですね。おいしい料理《りょうり》は作《つく》るけど自分《じぶん》では食《た》べず、お客《きゃく》さんが食《た》べてくれるのを楽《たの》しむ。そんな立場《たちば》でいられるといいなと思《おも》っています。

音楽《おんがく》をやっていてよかったと思《おも》うことはたくさんありますが、特《とく》に好《す》きなことがふたつあります。知《し》らない人同士《ひとどうし》でも音楽《おんがく》を聞《き》く時間《じかん》は一緒《いっしょ》に過《す》ごせることと、指揮者《しきしゃ》として行《い》った先《さき》のいろいろな国《くに》や町《まち》の人《ひと》たちと知《し》り合《あ》いになれることです。人《ひと》は音楽《おんがく》を通《つう》じて気持《きも》ちを共有《きょうゆう》できるし、その実感《じっかん》を得《え》られるのが好《す》きなんです。

Q 仕事《しごと》をする上《うえ》で自分《じぶん》なりに工夫《くふう》していることはありますか?

A 演奏《えんそう》プランを作《つく》るときは、たくさんの資料《しりょう》を集《あつ》めて読《よ》んだり、最近《さいきん》はネット上《じょう》で作曲家《さっきょくか》の手書《てが》き楽譜《がくふ》を見《み》たりもして、なんらかの根拠《こんきょ》から作曲家《さっきょくか》の考《かんが》えていたことを見《み》つけようとします。僕《ぼく》の指揮《しき》は基本的《きほんてき》に楽譜《がくふ》に忠実《ちゅうじつ》で、こんな音楽《おんがく》が好《す》きだとか、こんな指揮《しき》ができる自分《じぶん》はかっこいいだろうとかいった、自分《じぶん》のアピールを前《まえ》に出《だ》すようなことはしません。これは秋山和慶先生《あきやまかずよしせんせい》という大先輩《だいせんぱい》の指揮者《しきしゃ》が教《おし》えてくれたことで、この先《さき》も一生守《いっしょうまも》っていきたいと考《かんが》えています。演奏《えんそう》に自分《じぶん》がまったく出《で》ないかといえば、客観的《きゃっかんてき》な判断《はんだん》は難《むずか》しいと思《おも》います。ですが、とにかく作曲家《さっきょくか》を第一《だいいち》に考《かんが》えて作品《さくひん》の姿《すがた》を忠実《ちゅうじつ》に伝《つた》えることが、指揮者《しきしゃ》の一番《いちばん》の役割《やくわり》だと思《おも》うんです。

ですから、お客《きゃく》さんから「今日《きょう》の下野《しもの》は良《よ》かったね」ではなく「ベートーベンの曲《きょく》が良《よ》かったね」と言《い》われるような演奏《えんそう》ができるといいですね。もし知《し》らない作曲家《さっきょくか》の曲《きょく》だったとしても、聞《き》いたお客《きゃく》さんがいい曲《きょく》だと思《おも》ってくれたら、それこそが指揮者《しきしゃ》として一番《いちばん》の喜《よろこ》びなんです。

Q 子《こ》どもの頃《ころ》にもっとしておけばよかったと思《おも》うことは?

A 僕《ぼく》は小学生《しょうがくせい》の頃《ころ》から音楽《おんがく》を続《つづ》けていましたが、小《ちい》さな頃《ころ》からピアノなどの専門教育《せんもんきょういく》を受《う》けてはいません。本格的《ほんかくてき》に指揮《しき》の勉強《べんきょう》を始《はじ》めた頃《ころ》はまわりの人《ひと》がみんなすごく見《み》えて、追《お》いつくための努力《どりょく》もかなりやりました。ですから、３～４歳《さい》くらいから専門教育《せんもんきょういく》を受《う》けていれば、キャリアの最初《さいしょ》の部分《ぶぶん》がもっとスムーズだったかなとは思《おも》います。ただ、音楽《おんがく》の技術面《ぎじゅつめん》に限《かぎ》った話《はなし》ですね。指揮者《しきしゃ》はやはり人《ひと》に動《うご》いてもらう部分《ぶぶん》が大事《だいじ》なので、ピアノをやっていれば指揮者《しきしゃ》になれるとは限《かぎ》らないんです。

あとはもう少《すこ》し大人《おとな》になってからの話《はなし》ですが、海外《かいがい》で指《し》揮《き》をする機会《きかい》も多《おお》いので、語学《ごがく》をやっておけばよかったと思《おも》いますね。練習《れんしゅう》では言葉《ことば》で物事《ものごと》を伝《つた》える割合《わりあい》が多《おお》く、言《い》いたいことがうまく伝《つた》わればいいのですが、語学力《ごがくりょく》がなくて逆《ぎゃく》の意味《いみ》に取《と》られてしまう怖《こわ》さはいつも感《かん》じます。海外《かいがい》の指揮者《しきしゃ》には７～８カ国語《こくご》を平気《へいき》で話《はな》せる指揮者《しきしゃ》もいるんですよ。そこまではできなくても、英語《えいご》やフランス語《ご》、ドイツ語《ご》などができるとかなり役立《やくだ》ちますね。

Q 指揮者《しきしゃ》に興味《きょうみ》を持《も》っている人《ひと》にメッセージをお願《ねが》いします。

A 僕《ぼく》たち指揮者《しきしゃ》の仕事《しごと》がよくできたかどうかはお客《きゃく》さん次第《しだい》です。演奏会《えんそうかい》の後《あと》でいい時間《じかん》だったと思《おも》ってもらえたらいい仕事《しごと》ですし、今《いま》の時間《じかん》はなんだったんだと思《おも》わせてしまったら悪《わる》い仕事《しごと》だったということになります。つまり、人《ひと》の時間《じかん》を預《あず》かる大《おお》きな責任《せきにん》がある仕事《しごと》なんです。いい指揮者《しきしゃ》になりたいなら、音楽《おんがく》というごちそうをまずみんなに切《き》り分《わ》け、一番最後《いちばんさいご》に楽《たの》しむくらいの感覚《かんかく》を持《も》ってほしいですね。さらに自分《じぶん》を通《とお》して作曲家《さっきょくか》の素晴《すば》らしい曲《きょく》をお客《きゃく》さんに伝《つた》えるんだという気持《きも》ちを大事《だいじ》にできれば、いい指揮者《しきしゃ》になれるんじゃないかと思《おも》うんです。

派手《はで》な仕事《しごと》に見《み》えるかもしれませんが、やっていることは本当《ほんとう》に地味《じみ》ですし、特別《とくべつ》に偉《えら》いわけでもないんですよ。演奏会前《えんそうかいまえ》もとにかく地道《じみち》に調《しら》べ物《もの》をして、誠意《せいい》を持《も》って演《えん》奏家《そうか》に接《せっ》し、みんなに曲《きょく》を弾《ひ》いてもらうんです。でも、うまくいったときはとても楽《たの》しく、誰《だれ》も見《み》たことがない世界《せかい》を見《み》られます。だからどの指揮者《しきしゃ》もなかなか仕事《しごと》を辞《や》めないし、僕自身《ぼくじしん》もまだまだ続《つづ》けていきたいんです。

Q どんな人《ひと》が指揮者《しきしゃ》に向《む》いていると思《おも》いますか?

A 音楽的《おんがくてき》な能力《のうりょく》はもちろん必要《ひつよう》ですが、まずは人《ひと》のことを好《す》きになれる人《ひと》が向《む》いている仕事《しごと》だと思《おも》います。指揮者《しきしゃ》が自分《じぶん》の考《かんが》えを形《かたち》にするには、演奏家《えんそうか》の専門的《せんもんてき》な力《ちから》を借《か》りる必要《ひつよう》があります。ですが、音楽《おんがく》に対《たい》する考《かんが》え方《かた》が違《ちが》ったりして、指揮者《しきしゃ》の考《かんが》えを受《う》け入《い》れられない演奏家《えんそうか》もいるんです。ときには人間関係《にんげんかんけい》が難《むずか》しくなったりもするのですが、指揮者《しきしゃ》が気《き》に入《い》らないからといって楽器《がっき》を外《はず》したりはできません。お互《たが》いがいて成《な》り立《た》つ仕事《しごと》なので、たとえ「お前《まえ》のことが嫌《きら》いだ」と言《い》われても、指揮者《しきしゃ》は「でも、私《わたし》はあなたのことを好《す》きでいたいと思《おも》います」と言《い》えなければいけないんです。

また、指揮者《しきしゃ》は人《ひと》から視線《しせん》を向《む》けられる機会《きかい》が普通《ふつう》より多《おお》い仕事《しごと》です。練習《れんしゅう》では演奏家《えんそうか》みんなが僕《ぼく》を見《み》ていますし、本番《ほんばん》ではお客《きゃく》さんの視線《しせん》もあります。僕《ぼく》も含《ふく》めて基本的《きほんてき》に目立《めだ》ちたがりで、人前《ひとまえ》に出《で》たくないタイプの人《ひと》はいないでしょうが、人《ひと》から注目《ちゅうもく》を浴《あ》びたり期待《きたい》されたりしたいなら、自分《じぶん》も人《ひと》に興味《きょうみ》を持《も》つべきだと思《おも》っています。

指揮者《しきしゃ》の仕事場《しごとば》

広島交響楽団《ひろしまこうきょうがくだん》の「平和《へいわ》の夕《ゆう》べ」コンサート会場《かいじょう》。
質《しつ》の高《たか》い音楽《おんがく》を届《とど》けるため、会場《かいじょう》にもいろいろな工夫《くふう》が込《こ》められています。

反響板《はんきょうばん》

音《おと》に響《ひび》きを与《あた》える舞台装置《ぶたいそうち》

舞台《ぶたい》の両側《りょうがわ》、後《うし》ろ、天井《てんじょう》は反響板《はんきょうばん》というパネルで囲《かこ》まれています。その名《な》の通《とお》り音《おと》を響《ひび》かせる作《つく》りになっていて、楽器《がっき》や歌《うた》の音《おと》はここで跳《は》ね返《かえ》ることにより、美《うつく》しい響《ひび》きになって客席《きゃくせき》に届《とど》きます。

オーケストラ

高《たか》い技術《ぎじゅつ》を持《も》つプロ演奏家《えんそうか》

一番前《いちばんまえ》が弦楽器《げんがっき》、その後《うし》ろが木管楽器《もっかんがっき》、最後尾《さいこうび》に金管楽器《きんかんがっき》、打楽器《だがっき》が並《なら》ぶ編成《へんせい》が一般的《いっぱんてき》。細《こま》かい配置《はいち》は演奏会《えんそうかい》ごとにステージマネージャーと相談《そうだん》し、曲《きょく》や会場《かいじょう》に最適《さいてき》な位置《いち》を決《き》めています。

ピアノ

独奏用《どくそうよう》とオーケストラ用《よう》の2種類《しゅるい》

舞台上手《ぶたいかみて》(客席《きゃくせき》から見《み》て右側《みぎがわ》)にあるのはソリストが独奏《どくそう》で使《つか》うピアノ。独奏曲前《どくそうきょくまえ》の休憩時間《きゅうけいじかん》などに係《かかり》の人《ひと》が舞台中央《ぶたいちゅうおう》に運《はこ》びます。左《ひだり》にあるのはオーケストラに編成《へんせい》されるピアノです。

舞台袖《ぶたいそで》

指揮者《しきしゃ》の入場《にゅうじょう》が始《はじ》まりの合図《あいず》

開演前《かいえんまえ》はステージ上《じょう》に演奏家《えんそうか》が並《なら》んでいて、指揮者《しきしゃ》が登場《とうじょう》すると演奏会《えんそうかい》がスタート。会《かい》場《じょう》の作《つく》りにもよりますが、指揮者《しきしゃ》は下手《しもて》（客席《きゃくせき》から見《み》て左側《ひだりがわ》）のドアから舞台《ぶたい》に出入《でい》りするのが一般的《いっぱんてき》です。

合唱隊《がっしょうたい》

会場《かいじょう》に歌声《うたごえ》を披露《ひろう》

この日《ひ》の合唱《がっしょう》を担当《たんとう》した広島市《ひろしまし》にあるエリザベト音楽大学《おんがくだいがく》の合唱隊《がっしょうたい》です。合唱《がっしょう》はステージの一番後《いちばんうし》ろに配置《はいち》され、会場《かいじょう》に声《こえ》が響《ひび》きやすいように組《く》まれたひな壇《だん》に立《た》って声《こえ》を披露《ひろう》します。

カメラ・マイク

音《おと》と映像《えいぞう》を好位置《こういち》でとらえる

この日《ひ》のコンサートはオンラインでも配信《はいしん》されました。配信《はいしん》・収録《しゅうろく》のある日《ひ》は臨場感《りんじょうかん》のある音《おと》と映像《えいぞう》を視聴者《しちょうしゃ》に届《とど》けるため、ステージ上《じょう》に動画収録用《どうがしゅうろくよう》のマイクとカメラを設置《せっち》しています。

コンサートマスター

演奏家《えんそうか》たちのまとめ役《やく》

動作《どうさ》でタイミングを伝《つた》えたり、指揮者《しきしゃ》の意《い》識《しき》が届《とど》かないパートを注意《ちゅうい》したりと、舞台《ぶたい》上《じょう》をまとめるリーダー的《てき》な演奏家《えんそうか》。指揮者《しきしゃ》と演奏家《えんそうか》たちの間《あいだ》をつなぐ役割《やくわり》もあり、第《だい》1バイオリンの主席奏者《しゅせきそうしゃ》が務《つと》めます。

指揮台《しきだい》

一段高《いちだんたか》い場所《ばしょ》から指揮棒《しきぼう》を振《ふ》るう

指揮者《しきしゃ》の姿《すがた》が見《み》えやすいよう演奏中《えんそうちゅう》に立《た》つ台《だい》で、身長《しんちょう》に合《あ》わせて違《ちが》う高《たか》さの指揮台《しきだい》を使《つか》い分《わ》けます。背中側《せなかがわ》に転落防止《てんらくぼうし》のバーをつけられますが、下野《しもの》さんは動《うご》きにくくなるのであまり使《つか》いません。

下野《しもの》さんこだわりの7つ道具《どうぐ》

数《すう》10人《にん》〜100人以上《にんいじょう》の演奏家《えんそうか》を導《みちび》く
下野《しもの》さんの7つ道具《どうぐ》。
どこでもオーケストラを指揮《しき》できるよう、
国内《こくない》・国外《こくがい》を問《と》わず持《も》ち歩《ある》いています。

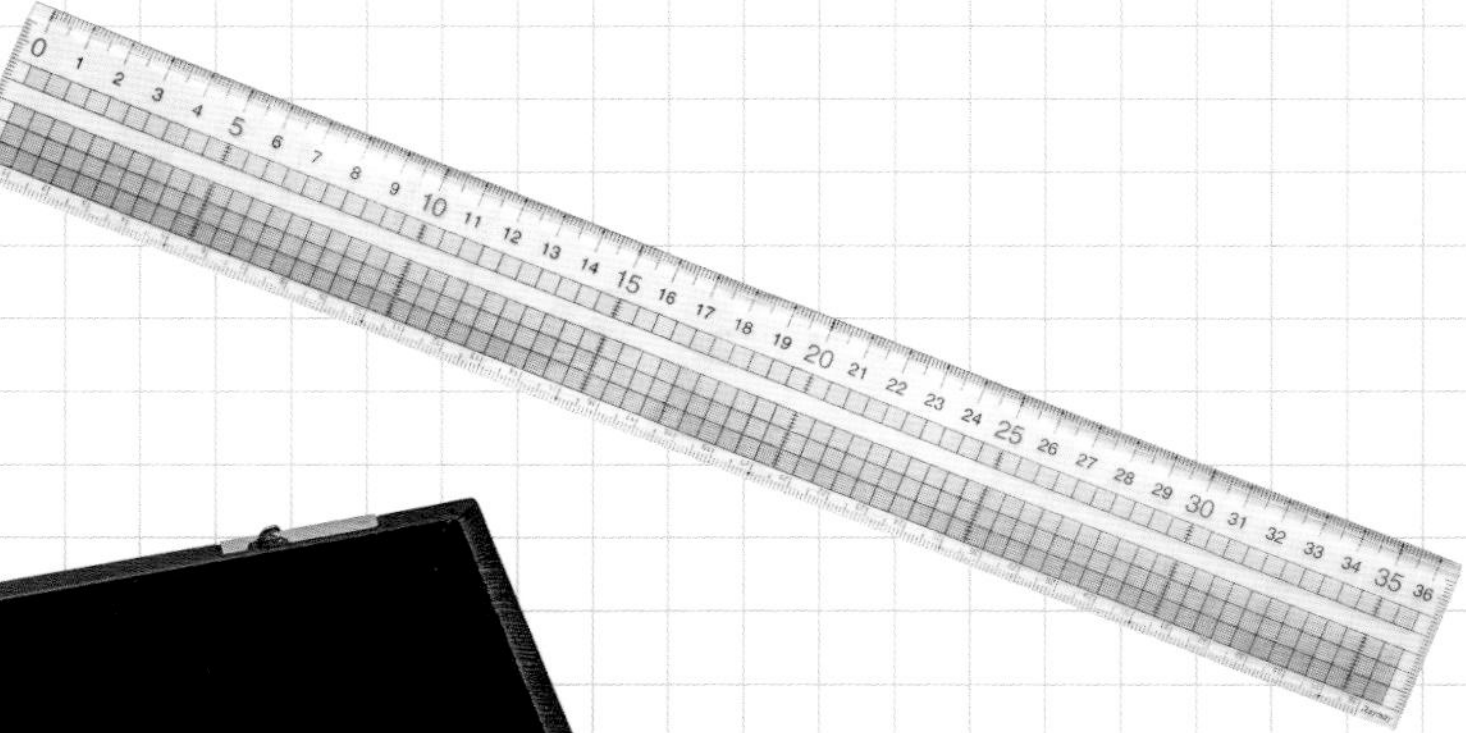

▶ものさし

大《おお》きな楽譜《がくふ》で勉強《べんきょう》するために

指揮者《しきしゃ》が使《つか》う楽譜《がくふ》は全《ぜん》パートの楽譜《がくふ》をまとめた総譜《そうふ》。大《おお》きなものではB3サイズ(364×515㎜)にもなるため、事前《じぜん》の勉強《べんきょう》では30㎝以上《いじょう》の長《なが》いものさしを使《つか》って線《せん》を引《ひ》いています。

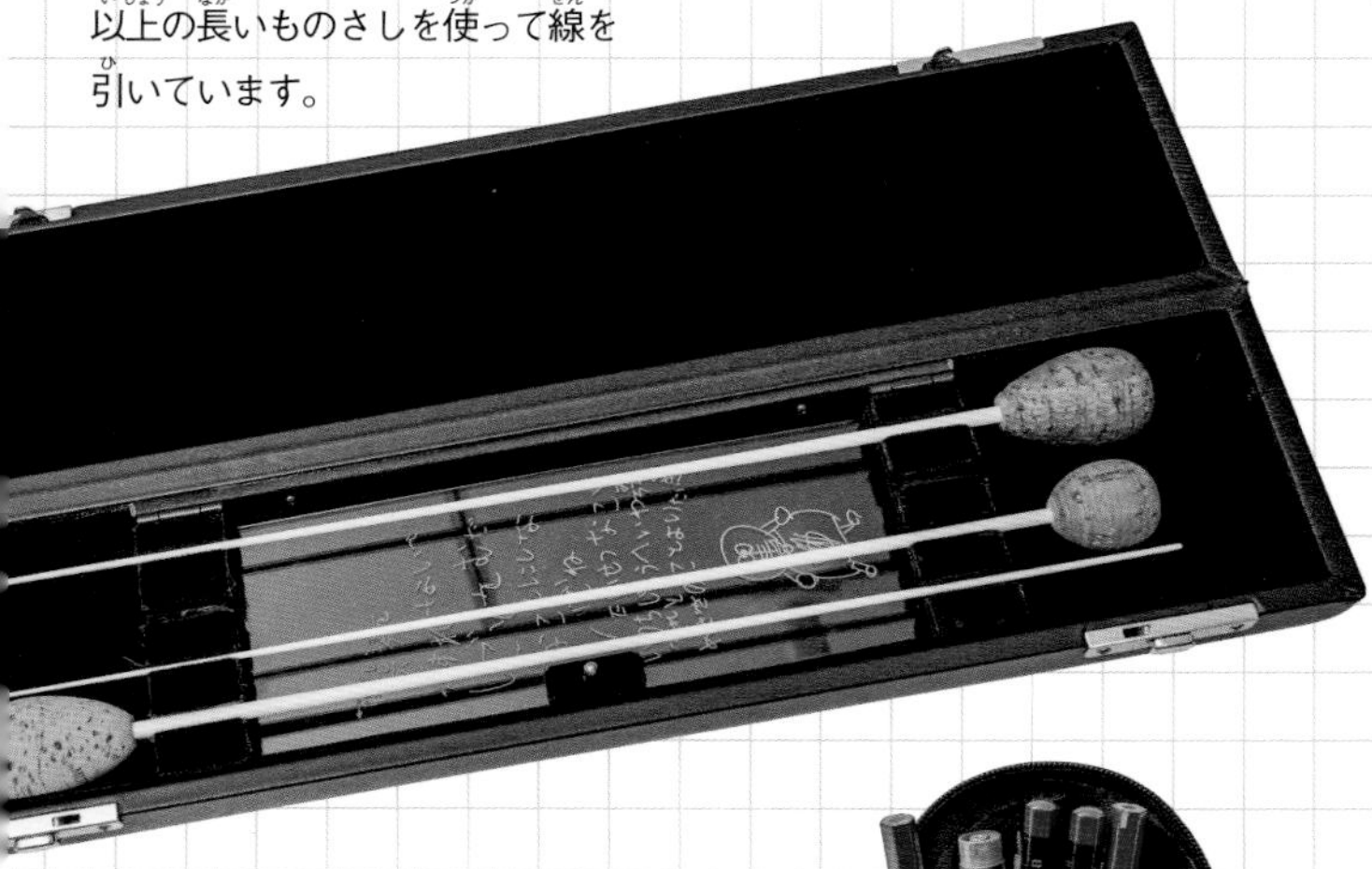

▲指揮棒《しきぼう》

**軽《かる》くて手《て》になじむ
お気《き》に入《い》りの一品《いっぴん》**

演奏《えんそう》の拍子《ひょうし》などさまざまな指示《しじ》を出《だ》すための棒《ぼう》です。下野《しもの》さんはいろいろな種類《しゅるい》を試《ため》し、一番自分《いちばんじぶん》の手《て》に合《あ》うものを愛用《あいよう》。持《も》ち手《て》は木製《もくせい》、本体部分《ほんたいぶぶん》はグラスファイバー製《せい》で、ケースにはお子《こ》さんからのメッセージボードも入《はい》っています。

▶衣装《いしょう》

演奏会《えんそうかい》ごとに使《つか》い分《わ》ける

ステージ衣装《いしょう》は演奏会《えんそうかい》の内容《ないよう》に合《あ》わせ、燕尾服《えんびふく》、タキシード、スーツなどを使《つか》い分《わ》けます。今回《こんかい》は平和《へいわ》の祈《いの》りをテーマとする演奏会《えんそうかい》のため、落《お》ち着《つ》いた黒《くろ》のスーツで指揮棒《しきぼう》を振《ふ》りました。

▲筆箱《ふでばこ》

練習《れんしゅう》・勉強《べんきょう》で楽譜《がくふ》に書《か》き込《こ》み

事前準備《じぜんじゅんび》・リハーサルでは演奏《えんそう》のポイントを3Bの鉛筆《えんぴつ》で楽譜《がくふ》や付《ふ》せんに記入《きにゅう》。練習《れんしゅう》が終《お》わった部分《ぶぶん》の付《ふ》せんは取《と》り外《はず》します。見《み》た目《め》でわかりやすいよう赤鉛筆《あかえんぴつ》、青鉛筆《あおえんぴつ》も使《つか》い分《わ》けているので、いつも筆箱《ふでばこ》を持《も》ち歩《ある》いています。

▲練習着《れんしゅうぎ》

指揮棒《しきぼう》の動《うご》きを伝《つた》える工夫《くふう》

リハーサルやゲネプロでは動《うご》きやすい練習着《れんしゅうぎ》を着用《ちゃくよう》します。白《しろ》い指揮棒《しきぼう》の動《うご》きが見《み》やすく、汗《あせ》をかいても目立《めだ》たないため、黒《くろ》い服《ふく》を着《き》るようにしています。

▶腕時計《うでどけい》

目立《めだ》ちにくさもポイント

練習《れんしゅう》・本番《ほんばん》の時間管理《じかんかんり》も指揮者《しきしゃ》の大事《だいじ》な役割《やくわり》のひとつ。時間《じかん》がひと目《め》でわかるアナログ式《しき》の腕時計《うでどけい》を譜面台《ふめんだい》に置《お》いています。また、時間《じかん》を気《き》にしていることがわかるとお客《きゃく》さんや演奏家《えんそうか》の集中《しゅうちゅう》を乱《みだ》してしまうため、自然《しぜん》なデザインのものを選《えら》んでいるといいます。

▼譜面台《ふめんだい》

楽譜《がくふ》と指揮棒《しきぼう》をセット!

練習《れんしゅう》や演奏会本番《えんそうかいほんばん》で楽譜《がくふ》を置《お》く台座《だいざ》で、会場《かいじょう》に用意《ようい》されているものを使《つか》います。練習《れんしゅう》では時計《とけい》、鉛筆《えんぴつ》、付《ふ》せん、汗《あせ》ふき用《よう》のタオルなどを置《お》き、本番《ほんばん》では指揮者用《しきしゃよう》の楽譜《がくふ》と予備《よび》の指揮棒《しきぼう》、時計《とけい》を置《お》きます。

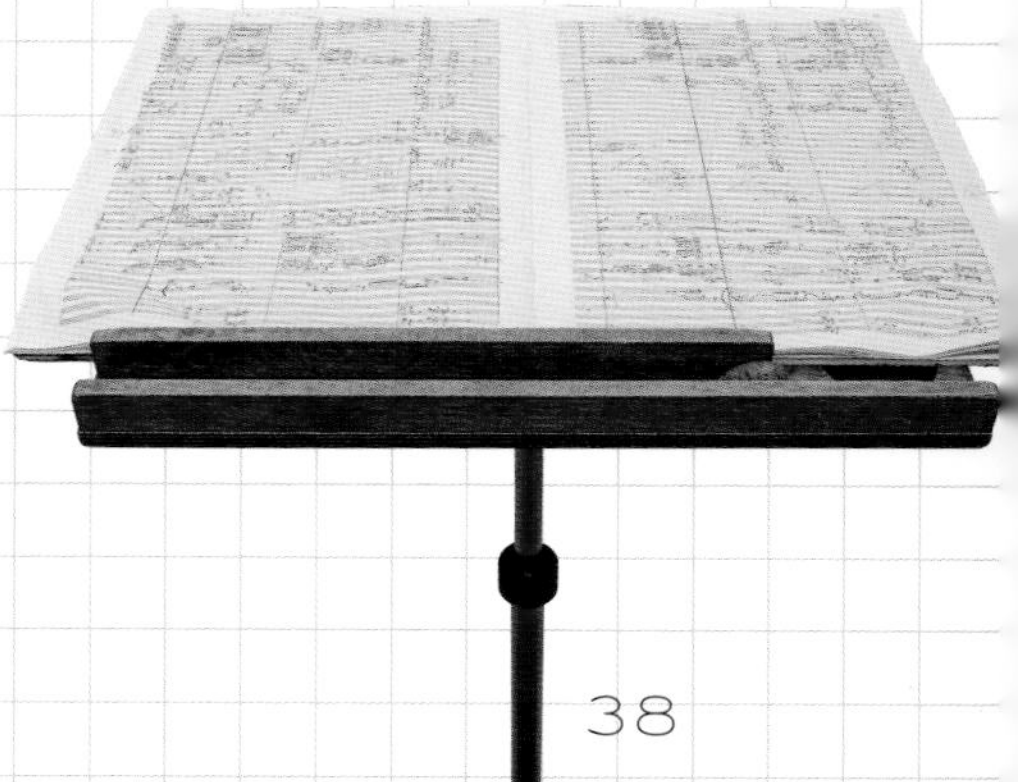

指揮者《しきしゃ》ってどうしたらなれるの?

中学《ちゅうがく》 3年《ねん》 15歳《さい》

高校《こうこう》 3年《ねん》 18歳《さい》

音楽大学《おんがくだいがく》 4年《ねん》 22歳《さい》

まずは音楽大学《おんがくだいがく》の指揮科《しきか》*1で専門教育《せんもんきょういく》を受《う》けるのが一般的《いっぱんてき》です。

入試《にゅうし》では指揮《しき》、楽器演奏《がっきえんそう》などの実技試験《じつぎしけん》もあるので、あらかじめ基礎《きそ》を身《み》につけておく必要《ひつよう》があります。

海外《かいがい》での活動《かつどう》を考《かんが》えているなら、語学《ごがく》も勉強《べんきょう》するとよいでしょう。

大学院《だいがくいん》 2年《ねん》 24歳《さい》

オーケストラ研究生《けんきゅうせい》、弟子《でし》入《い》りなど

卒業後《そつぎょうご》は研究生《けんきゅうせい》*2としてオーケストラに所属《しょぞく》したり、プロ指揮者《しきしゃ》に弟子《でし》入《い》りしたりして音楽《おんがく》の現場《げんば》で経験《けいけん》を積《つ》みます。

アシスタントをしながら先輩《せんぱい》指揮者《しきしゃ》の指導《しどう》を受《う》け、実力《じつりょく》を身《み》につけていきます。

指揮者《しきしゃ》

指揮《しき》コンクール*3に入賞《にゅうしょう》するなどの結果《けっか》を出《だ》すと仕事《しごと》の依頼《いらい》も増《ふ》えていきます。

さらに実績《じっせき》を上《あ》げれば正指揮者《せいしきしゃ》としてオーケストラと契約《けいやく》を結《むす》んだり、海外《かいがい》のオーケストラを指揮《しき》したりと、仕事《しごと》の幅《はば》も広《ひろ》がります。

充分《じゅうぶん》な実力《じつりょく》があれば何歳《なんさい》になっても続《つづ》けられる仕事《しごと》です。

*1 指揮科《しきか》

音楽理論《おんがくりろん》、和声《わせい》、指揮法《しきほう》などを学《まな》べる専門《せんもん》課程《かてい》です。学校内《がっこうない》のオーケストラを指揮《しき》するなど実技《じつぎ》も経験《けいけん》でき、指揮者《しきしゃ》としての基礎《きそ》を身《み》につけられます。定員《ていいん》は他《ほか》の学科《がっか》に比《くら》べると少《すく》なく、数名程度《すうめいていど》です。

*2 研究生《けんきゅうせい》

将来《しょうらい》の指揮者《しきしゃ》を育成《いくせい》するためにオーケストラなどが設《もう》けている制度《せいど》で、指揮者《しきしゃ》のアシスタントをしながらプロの練習《れんしゅう》・演奏会《えんそうかい》の現場《げんば》に触《ふ》れられます。研究生《けんきゅうせい》になるには書類選考《しょるいせんこう》、実技《じつぎ》、面接《めんせつ》などの審査《しんさ》があります。

*3 指揮《しき》コンクール

若手指揮者《わかてしきしゃ》の発掘《はっくつ》・育成《いくせい》を目的《もくてき》としたコンクールでは、決《き》められた課題曲《かだいきょく》を指揮《しき》して技能《ぎのう》を競《きそ》います。海外《かいがい》の有名《ゆうめい》コンクールで入賞《にゅうしょう》するなどの結果《けっか》を残《のこ》すと、実力《じつりょく》ある指揮者《しきしゃ》として音楽界《おんがくかい》からも注目《ちゅうもく》されます。

平均給与月額《へいきんきゅうよげつがく》

64万《まん》2,000円《えん》

推定平均年収《すいていへいきんねんしゅう》

約《やく》770万円《まんえん》

お給料《きゅうりょう》っていくら?

左《ひだり》の数字《すうじ》は演奏家《えんそうか》も含《ふく》む音楽家《おんがくか》の平均年収《へいきんねんしゅう》です。最初《さいしょ》は演奏会《えんそうかい》ごとの報酬《ほうしゅう》が主《おも》な収入《しゅうにゅう》ですが、実績《じっせき》を積《つ》んで楽団《がくだん》と契約《けいやく》を結《むす》んだり、規模《きぼ》の大《おお》きな演奏会《えんそうかい》に呼《よ》ばれたりするようになると収入《しゅうにゅう》も上《あ》がります。

厚生労働省《こうせいろうどうしょう》 令和《れいわ》4年賃金構造基本統計調査《ねんちんぎんこうぞうきほんとうけいちょうさ》より。

楽器《がっき》製作者って
どんな仕事《しごと》？

島口《しまぐち》ハープシコード工房《こうぼう》
島口孝仁《しまぐちたかひと》さん

音《おと》を追求《ついきゅう》して楽器《がっき》を作《つく》る

楽器製作者《がっきせいさくしゃ》は楽器《がっき》を作《つく》る専門家《せんもんか》です。ひと口《くち》に楽器《がっき》といってもその数《かず》は多《おお》く、弦楽器《げんがっき》、管楽器《かんがっき》、打楽器《だがっき》などの種類《しゅるい》によって、音《おと》の出《で》る仕組《しく》みも違《ちが》います。使《つか》われる素材《そざい》は木《き》、金属《きんぞく》、プラスチックなどがあり、作《つく》り方《かた》も工場《こうじょう》での大量生産《たいりょうせいさん》から職人《しょくにん》の手作《てづく》りまでさまざまです。

どの楽器製作者《がっきせいさくしゃ》にも共通《きょうつう》しているのは、楽器《がっき》の作《つく》りや音《おと》の専門知識《せんもんちしき》を持《も》ち、実際《じっさい》に形《かたち》にする技術《ぎじゅつ》を持《も》っていること。設計《せっけい》・製作《せいさく》・調律《ちょうりつ》・修復《しゅうふく》などを通《つう》じて質《しつ》の高《たか》い音《おと》を追求《ついきゅう》していて、腕《うで》のいい職人《しょくにん》による品質《ひんしつ》の高《たか》い楽器《がっき》はプロの演奏家《えんそうか》にも求《もと》められ、美《うつく》しい音色《ねいろ》を長《なが》い期間《きかん》響《ひび》かせます。

現代《げんだい》によみがえった古典楽器《こてんがっき》

島口《しまぐち》さんが作《つく》っているチェンバロ*とは15～18世紀《せいき》のヨーロッパで愛好《あいこう》されていた、ピアノの先祖《せんぞ》とも言《い》われている鍵盤楽器《けんばんがっき》です。鍵盤《けんばん》を叩《たた》くと爪《つめ》が本体《ほんたい》の中《なか》にある弦《げん》をはじき、美《うつく》しく澄《す》んだ音《おと》を鳴《な》らします。

実《じつ》はチェンバロは、一度《いちど》は生産《せいさん》・演奏《えんそう》されなくなった時期《じき》もありました。ですが、20世紀《せいき》になって古楽器《こがっき》や資料《しりょう》からの復元《ふくげん》が進《すす》み、生産《せいさん》が再開《さいかい》されています。

島口《しまぐち》さんは昔《むかし》からの素材《そざい》と製法《せいほう》にこだわりを持《も》つチェンバロ職人《しょくにん》で、一台一台《いちだいいちだい》に時間《じかん》をかけて手作《てづく》りする楽器《がっき》は演奏家《えんそうか》からも高《たか》い信頼《しんらい》を得《え》ています。

＊フランス語《ご》ではクラブサン、英語《えいご》ではハープシコードなど、国《くに》によって名前《なまえ》が違《ちが》います。

島口《しまぐち》さんの一日《いちにち》

08:30 作業開始《さぎょうかいし》

08:45 図面《ずめん》チェック

10:00 材料《ざいりょう》チェック

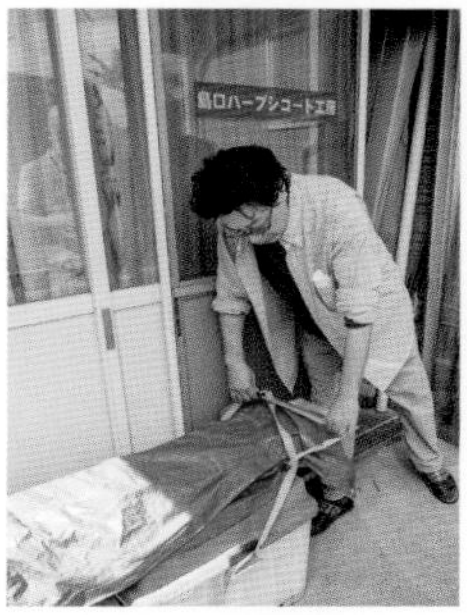

11:00 木材《もくざい》の固定《こてい》

12:00 昼休《ひるやす》み

13:00 箱作《はこづく》り

14:00 ジャック作《づく》り

15:00 休憩《きゅうけい》

15:15 鍵盤作《けんばんづく》り

18:00 作業終了《さぎょうしゅうりょう》

楽器《がっき》製作者《せいさくしゃ》の仕事《しごと》

08:30 作業開始《さぎょうかいし》

島口《しまぐち》さんの仕事場《しごとば》は自宅《じたく》の隣《となり》にある工房《こうぼう》です。コンサートの立《た》ち会《あ》い・調律《ちょうりつ》などの仕《し》事《ごと》で外出《がいしゅつ》することも少《すく》なくありませんが、製作《せいさく》をするときは8：30頃《ごろ》に工房《こうぼう》に入《はい》って仕《し》事《ごと》をスタートします。

08:45 図面《ずめん》チェック

チェンバロ製作《せいさく》は設計図《せっけいず》作《づく》りから始《はじ》まります。ここで参《さん》照《しょう》しているのは1624年《ねん》に作《つく》られた楽器《がっき》の記録図《きろくず》。元《もと》の楽器《がっき》には時間《じかん》が経《た》って形《かたち》が変《か》わった部分《ぶぶん》、後《あと》の時代《じだい》に改造《かいぞう》で付《つ》け加《くわ》えられた部分《ぶぶん》もあるので、最初《さいしょ》の設計《せっけい》を再現《さいげん》するために重要《じゅうよう》な部分《ぶぶん》を製図《せいず》用《よう》フィルムに書《か》き写《うつ》します。

チェンバロは場所《ばしょ》・時代《じだい》によってスタイルが変《か》わる楽器《がっき》。資料《しりょう》によって作《つく》れる楽器《がっき》の種《しゅ》類《るい》も変《か》わるため、資料集《しりょうあつ》めも製作《せいさく》の大事《だいじ》なポイントです。

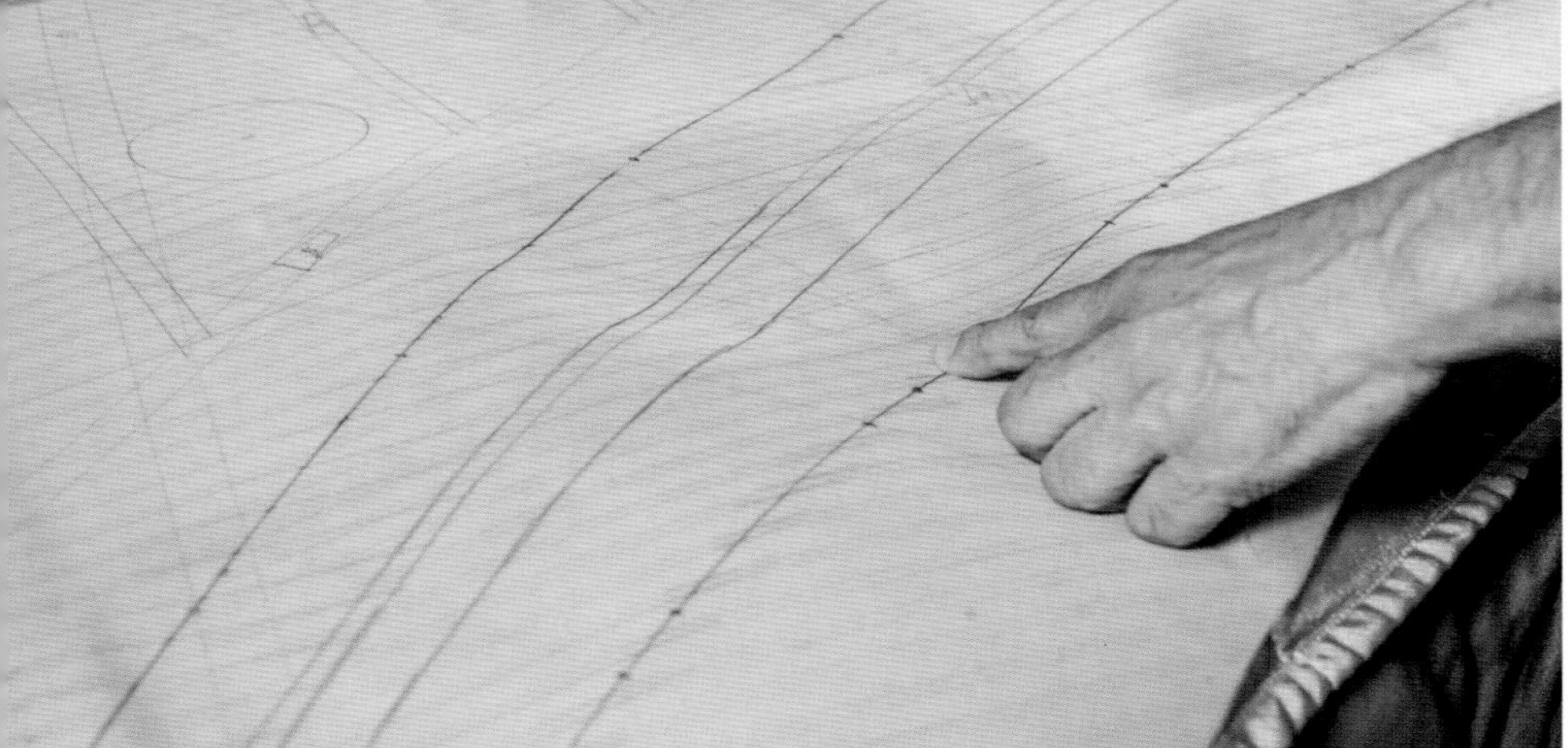

10:00 材料《ざいりょう》チェック

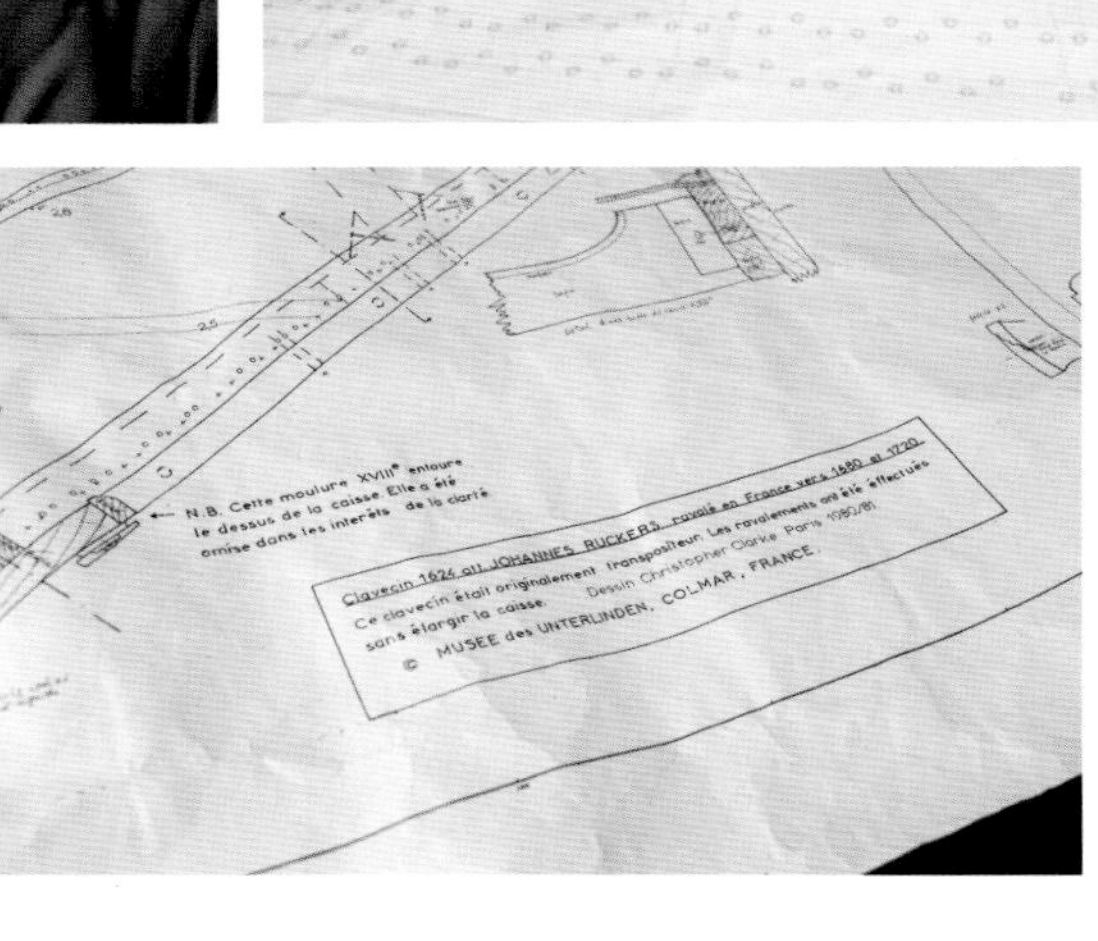

チェンバロが本来《ほんらい》持《も》っている音《おと》を出《だ》せるよう、島口《しまぐち》さんは部品《ぶひん》・材料《ざいりょう》に強《つよ》くこだわっています。弦《げん》には製造《せいぞう》当時《とうじ》と同《おな》じ種類《しゅるい》の鉄《てつ》を採用《さいよう》し、接着《せっちゃく》剤《ざい》も動物《どうぶつ》のにかわを利用《りよう》。本《ほん》体《たい》にも選《えら》び抜《ぬ》いた木材《もくざい》を使《つか》います。

部品《ぶひん》によって適《てき》した木《き》は違《ちが》うため、工房《こうぼう》にはポプラやカツラなどさまざまな種類《しゅるい》を保《ほ》

管中《かんちゅう》。音《おと》の響《ひび》きや手《て》ざわりがよく、変化《へんか》しにくい古《ふる》くて乾《かん》燥《そう》した木《き》を選《えら》び抜《ぬ》きます。次《じ》回《かい》の製作《せいさく》で参考《さんこう》にするため、一度《いちど》使《つか》ったものは特徴《とくちょう》をしっかり覚《おぼ》えておくそうです。

11:00 木材《もくざい》の固定《こてい》

チェンバロは弦《げん》などの一部《いちぶ》を除《のぞ》いてすべて木製《もくせい》。ケースの横《よこ》にあるなめらかな曲線部《きょくせんぶ》分《ぶん》は板《いた》を継《つ》いだものではなく、一枚《いちまい》の板《いた》からできた部品《ぶひん》です。モデルによって大《おお》きさ・角度《かくど》が違《ちが》うので、型《かた》は使《つか》わず毎回《まいかい》形《かたち》を整《ととの》えて作《つく》ります。

大《おお》きな板《いた》の片面《かためん》を水《みず》で膨張《ぼうちょう》させ、もう片面《かためん》を焼《や》いて乾燥《かんそう》させて引《ひ》き締《し》めます。当《あ》て台《だい》に固定《こてい》して1週間《しゅうかん》以上《いじょう》置《お》き、様子《ようす》を見《み》て曲《ま》げる場所《ばしょ》を変更《へんこう》。長《なが》い時間《じかん》をかけて理想《りそう》の形《かたち》を作《つく》り出《だ》していきます。

12:00 昼休《ひるやす》み

仕事《しごと》の切《き》りがいいところで昼休《ひるやす》みをとります。昼食《ちゅうしょく》は工《こう》房《ぼう》で簡単《かんたん》に取《と》ることが多《おお》いそうです。

また、お客《きゃく》さんからの仕事《しごと》依頼《いらい》や材料手配《ざいりょうてはい》などの電話《でんわ》があれば対応《たいおう》し、スケジュールを手帳《てちょう》で管理《かんり》します。

13:00 箱作《はこづく》り

音《おと》を鳴《な》らす弦《げん》、音《おと》を響《ひび》かせる響板《きょうばん》を設置《せっち》するケースは木《き》を組《く》み合《あ》わせた箱状《はこじょう》の部品《ぶひん》。チェンバロの繊細《せんさい》な音色《ねいろ》はこの中《なか》で音《おと》が響《ひび》くことによって作《つく》り出《だ》されます。

箱作《はこづく》りでは、まず設計図通《せっけいずどお》りにカットした木《き》を用意《ようい》し、のみ・のこぎりで結合部分《けつごうぶぶん》がしっかり組《く》み合《あ》うように削《けず》ります。組《く》み合《あ》わせ部分《ぶぶん》は溶《と》かしたにかわを塗《ぬ》って工具《こうぐ》で固《こ》定《てい》。そのまま数時間押《すうじかんお》さえると、箱《はこ》の角《かど》はぴったりくっつきます。結合部分《けつごうぶぶん》に金属《きんぞく》を使《つか》わずにかわで接着《せっちゃく》するのは昔《むかし》と同《おな》じ作《つく》り方《かた》で、音《おと》の響《ひび》きがよくなり、楽器《がっき》も長持《ながも》ちするそうです。

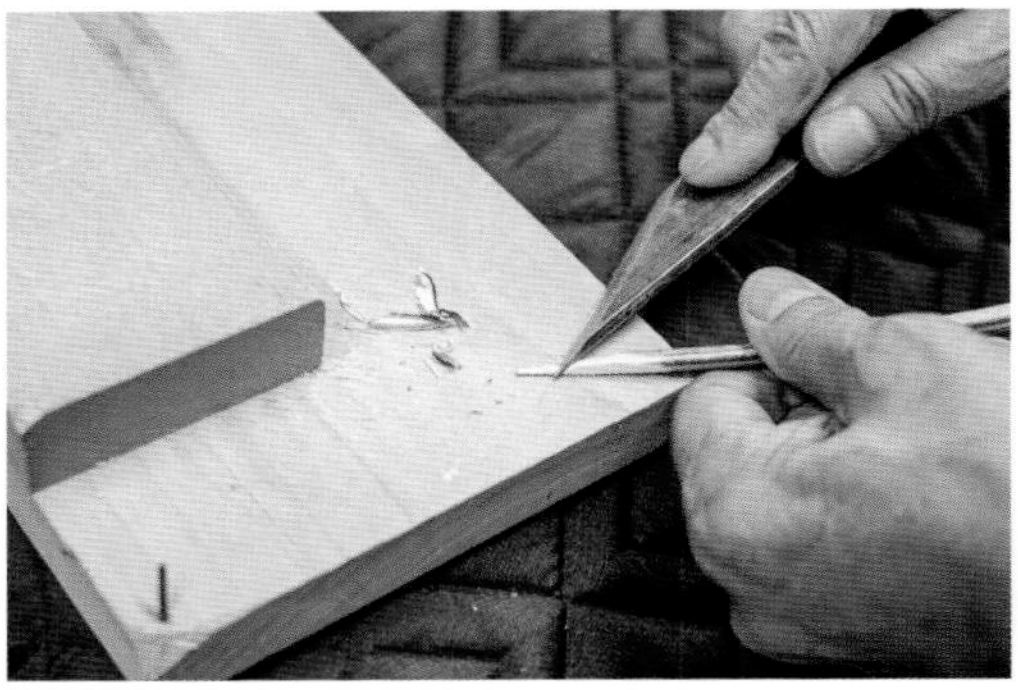

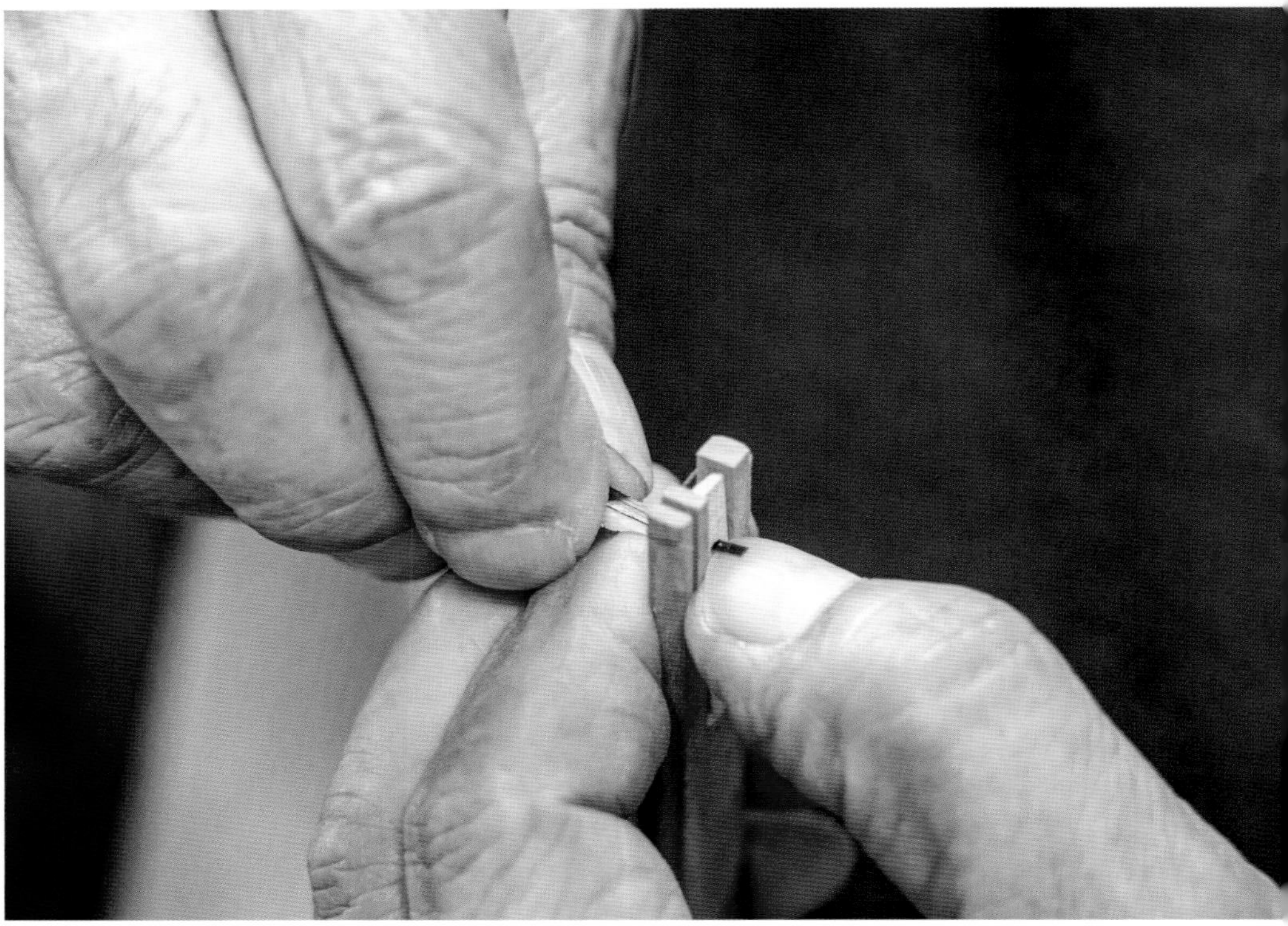

14:00 ジャック作《づく》り

ジャックは鍵盤《けんばん》とつながっていて、先端《せんたん》の爪《つめ》で弦《げん》をはじいて音《おと》を出《だ》す部品《ぶひん》です。鍵盤《けんばん》にひとつずつ対応《たいおう》するため、鍵盤《けんばん》どれも同《おな》じ音色《ねいろ》になるよう調整《ちょうせい》して作《つく》ります。

まず板《いた》を細《ほそ》く削《けず》って組《く》み合《あ》わせ、先端《せんたん》の穴《あな》に爪《つめ》を差《さ》し込《こ》みます。爪《つめ》をプラスチックで作《つく》る人《ひと》もいますが、島口《しまぐち》さんは昔《むかし》と同《おな》じ鳥《とり》の羽根《はね》を採用《さいよう》。先《さき》を削《けず》った芯《しん》を板《いた》に差《さ》し込《こ》んでカットし、ボイシングブロックの上《うえ》で形《かたち》を整《ととの》えます。

チェンバロ1台分《だいぶん》のジャックをすべて作《つく》るには約《やく》1週間《しゅうかん》の時間《じかん》が必要《ひつよう》。ずっと集中《しゅうちゅう》して作業《さぎょう》を続《つづ》け、完成《かんせい》するとはじめて音《おと》を出《だ》せるようになります。

時《とき》にはこんな仕事《しごと》も

コンサート会場《かいじょう》での楽器調整《がっきちょうせい》

美《うつく》しい音色《ねいろ》を最大限《さいだいげん》に引《ひ》き出《だ》す

島口《しまぐち》さんは製作後《せいさくご》も自分《じぶん》の作《つく》った楽器《がっき》と長《なが》く付《つ》き合《あ》います。木《き》でできているチェンバロは気温《きおん》・湿度《しつど》の影響《えいきょう》を受《う》けるため、買《か》ってくれたお客《きゃく》さんの環境《かんきょう》に合《あ》わせて調整《ちょうせい》・調律《ちょうりつ》。いつまでも大事《だいじ》に使《つか》ってもらえるよう、演奏《えんそう》ですり減《へ》った部品《ぶひん》の交換《こうかん》や保管方法《ほかんほうほう》のアドバイスもしています。

また、自分《じぶん》の楽器《がっき》がコンサートに使《つか》われるときは調整《ちょうせい》も行《おこな》っていて、工房《こうぼう》には貸《か》し出《だ》し用《よう》の楽器《がっき》も用意《ようい》しています。木製《もくせい》で意外《いがい》と軽《かる》いため持《も》ち運《はこ》びやすく、脚《あし》を取《と》り外《はず》して車《くるま》に積《つ》んでコンサート会場《かいじょう》まで運搬《うんぱん》。自分《じぶん》でステージまで運《はこ》び込《こ》んで設置《せっち》し、演奏家《えんそうか》の要望《ようぼう》に合《あ》わせて細《こま》かく調整《ちょうせい》してから楽器《がっき》を引《ひ》き渡《わた》します。コンサート会場《かいじょう》が高層階《こうそうかい》など運《はこ》びにくい場合《ばあい》を除《のぞ》き、運搬《うんぱん》から設置《せっち》まではひとりでやるそうです。

チェンバロは繊細《せんさい》な作《つく》りで、ステージ照明《しょうめい》で乾燥《かんそう》して音《おと》が変《か》わったり、設置場所《せっちばしょ》によって音《おと》が響《ひび》きづらくなったりすることもある楽器《がっき》です。コンサート期間中《きかんちゅう》も現場《げんば》に立《た》ち会《あ》って照明《しょうめい》や設置場所《せっちばしょ》の調整《ちょうせい》をお願《ねが》いするなど、チェンバロ本来《ほんらい》の美《うつく》しい音《おと》が出《だ》せるようさまざまな手《て》を尽《つ》くします。

Photo by Shumpei K.

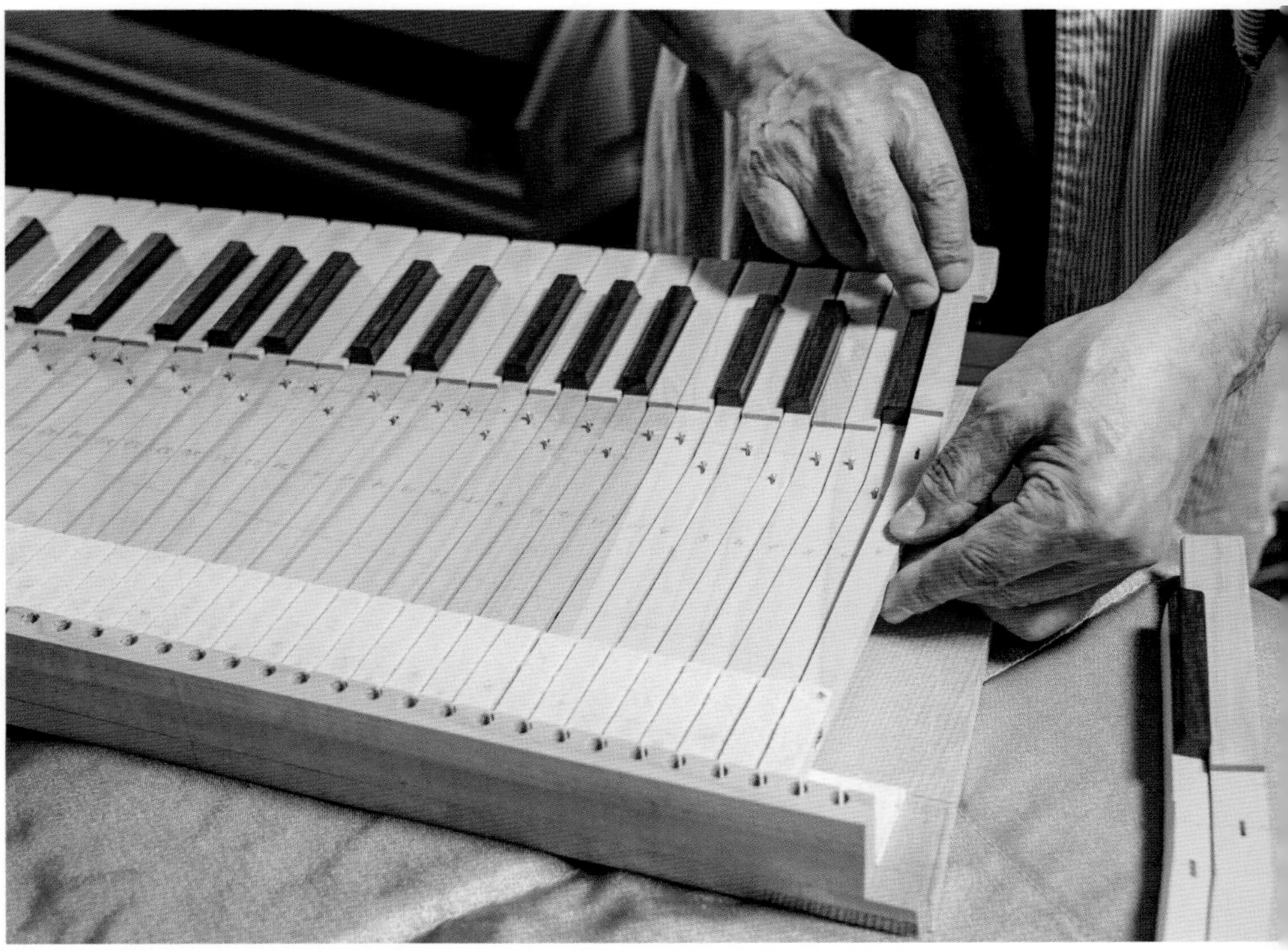

15:15 鍵盤《けんばん》作《づく》り

鍵盤《けんばん》に使《つか》うのはツゲ、黒檀《こくたん》などの見《み》た目《め》が美《うつく》しくて手《て》ざわりもいい木材《もくざい》です。段数《だんすう》は設計《せっけい》によって違《ちが》い、家庭用《かていよう》は1段《だん》、コンサート用《よう》は2段《だん》で作《つく》ることが多《おお》いといいます。

小《ちい》さく切《き》った木材《もくざい》を組《く》み合《あ》わせてひとつひとつのキーを作《つく》り、かんなで形《かたち》を整《ととの》えてから台座《だいざ》にセットし、チェンバロ本体《ほんたい》に組《く》み込《こ》みます。見《み》た目《め》がよくなるよう一枚《いちまい》の板《いた》から切《き》り出《だ》した木材《もくざい》を使《つか》ったり、弾《ひ》きやすいよう高《たか》さをそろえたりと、ここにも細《こま》かい工夫《くふう》をたくさん詰《つ》め込《こ》みます。

18:00 作業《さぎょう》終了《しゅうりょう》

脚《あし》やふたなどのすべて部品《ぶひん》を組《く》み上《あ》げて音階《おんかい》・音色《ねいろ》を調《ちょう》整《せい》し、絵《え》などの塗装《とそう》を施《ほどこ》せばチェンバロは完成《かんせい》。音《おと》やタッチ、見《み》た目《め》などあらゆる点《てん》にこだわるため、島口《しまぐち》さんは1台《だい》を作《つく》るのには約《やく》1年《ねん》の時間《じかん》をかけています。

一日《いちにち》の最後《さいご》には工房《こうぼう》を掃除《そうじ》して自宅《じたく》に戻《もど》りますが、気《き》になる部分《ぶぶん》のことはいつも考《かんが》えていて、思《おも》いついたアイデアを試《ため》すために作業《さぎょう》に戻《もど》ることもあります。

Q&A

島口《しまぐち》さんに聞《き》いてみよう!

Q なぜ楽器製作者《がっきせいさくしゃ》になろうと思《おも》ったのですか?

A 子《こ》どもの頃《ころ》は姉《あね》がピアノをやっていたので、僕《ぼく》もピアノを習《なら》っていました。それほど熱心《ねっしん》ではなかったのですが音楽自体《おんがくじたい》は好《す》きで、高校生《こうこうせい》になってからギターに熱中《ねっちゅう》した時期《じき》もあります。それで高校《こうこう》を出《で》てから調律学校《ちょうりつがっこう》に通《かよ》い、地元《じもと》でピアノ調律師《ちょうりつし》の仕事《しごと》をしていました。

姉《あね》はずっと音楽《おんがく》を続《つづ》けていて、今《いま》もチェンバロの演奏家《えんそうか》なんです。彼女《かのじょ》が始《はじ》めた頃《ころ》に僕《ぼく》もはじめて実物《じつぶつ》を見《み》て、面《おも》白《しろ》い楽器《がっき》だなと思《おも》いました。ただ、そのときは自分《じぶん》が作《つく》ることになるとは考《かんが》えていませんでした。

今《いま》の仕事《しごと》をしているきっかけは師匠《ししょう》との出会《であ》いですね。埼玉《さいたま》でチェンバロ製作《せいさく》をしている堀《ほり》 栄蔵《えいぞう》さんという方《かた》が姉《あね》の関係《かんけい》で地元《じもと》に来《き》て、チェンバロ製作《せいさく》が面白《おもしろ》いという話《はなし》を聞《き》いているうちに、いつの間《ま》にか弟子《でし》入《い》りすることになっていたんです。そこから師匠《ししょう》の工房《こうぼう》に内弟子《うちでし》として入《はい》り、24時間一緒《じかんいっしょ》に過《す》ごしていました。厳《きび》しいところもある人《ひと》でしたがしっかり鍛《きた》えてもらいましたし、僕自身《ぼくじしん》の方《ほう》向性《こうせい》も定《さだ》めてくれたので、師匠《ししょう》には感謝《かんしゃ》しています。

Q 小学生《しょうがくせい》・中学生《ちゅうがくせい》の頃《ころ》の得意科目《とくいかもく》や好《す》きだったことは何《なん》ですか?

A 好《す》きな科目《かもく》は理科《りか》でした。特《とく》に成績《せいせき》がよかったわけではなく、実験《じっけん》が好《す》きだったんです。今《いま》でも楽器《がっき》の素材《そざい》や作《つく》り方《かた》を考《かんが》えていろいろ試《ため》しているので、つながっている部分《ぶぶん》があるかもしれませんね。ただ、チェンバロ作《づく》りの仲間《なかま》には科学的《かがくてき》な検証《けんしょう》をするようなすごい人《ひと》がいるんです。そういう人《ひと》には知識《ちしき》で敵《かな》わないので、いろいろ教《おし》えてもらったりもしています。

音楽《おんがく》は時期《じき》によって好《す》き嫌《きら》いが分《わ》かれていました。小学《しょうがっ》校低学年《こうていがくねん》の頃《ころ》はハーモニカを吹《ふ》いたりして授業《じゅぎょう》も楽《たの》しく受《う》けていましたが、転校《てんこう》して先生《せんせい》が替《か》わってから、勉強《べんきょう》することが多《おお》くてつまらなくなってしまったんです。音楽《おんがく》は楽《たの》しいものなのに、なんで理屈《りくつ》っぽいことをやらなければいけないんだろうという思《おも》いがありました。その意識《いしき》が変《か》わったのは高校生《こうこうせい》の頃《ころ》ですね。ギターに夢中《むちゅう》になって、いろいろな和音《わおん》を覚《おぼ》えたり作曲《さっきょく》の勉強《べんきょう》をしたりしたんです。その頃《ころ》が一番真面目《いちばんまじめ》に音楽《おんがく》に取《と》り組《く》んでいたような気《き》がしますね。

Q この仕事《しごと》の魅力《みりょく》、やりがいを教《おし》えてください。

A 一台《いちだい》の楽器《がっき》にずっと関《かか》われるのは楽《たの》しいですね。設《せっ》計《けい》から製作《せいさく》まで全部自分《ぜんぶじぶん》でやって、コンサートの立《た》ち会《あ》いもするから、自分《じぶん》が作《つく》った音《おと》を全部聞《ぜんぶき》けます。こうすれば音《おと》がよくなるんじゃないかという具合《ぐあい》に、次《つぎ》の製作《せいさく》にアイデアを生《い》かすこともできるんです。ものづくりでは次《つぎ》に何《なに》をするか考《かんが》えるのが楽《たの》しいので、その繰《く》り返《かえ》しです。少《すこ》しでもいい楽器《がっき》を作《つく》りたい、自分《じぶん》の感覚《かんかく》に合《あ》う音《おと》を出《だ》したいといつも思《おも》っていますし、その成果《せいか》を喜《よろこ》んでくれる人《ひと》がいればもっといいですね。

また、お客《きゃく》さんとの関《かか》わりも魅力《みりょく》のひとつです。楽器《がっき》や音《おと》を褒《ほ》めてくれるのは普通《ふつう》にうれしいですし、ネガティブな反応《はんのう》もありがたいんです。たとえば音《おと》が自分《じぶん》の趣味《しゅみ》と違《ちが》うと言《い》われたら、その人《ひと》の演奏《えんそう》を見《み》せてもらったりして、なんでそう言《い》われたのかをずっと考《かんが》えます。音《おと》は形《かたち》に残《のこ》らないから、考《かんが》えないと答《こた》えは出《で》ないんですよ。自分《じぶん》からは出《で》てこない発想《はっそう》をもらえたりするし、その過程《かてい》があるからこそ次《つぎ》にいいものを作《つく》れるんです。

Q 子《こ》どもの頃《ころ》にもっとしておけばよかったと思《おも》うことは?

A チェンバロは昔《むかし》のヨーロッパ全域《ぜんいき》に広《ひろ》まっていた楽器《がっき》で、王宮《おうきゅう》・教会《きょうかい》でよく使《つか》われていました。革命《かくめい》で壊《こわ》されたりして少《すこ》しずつ衰退《すいたい》し、一度《いちど》は作《つく》る人《ひと》も演奏《えんそう》する人《ひと》もいなくなったんです。いま作《つく》っているのは復元《ふくげん》で、現地《げんち》の図面《ずめん》や資料《しりょう》を元《もと》にしています。資料《しりょう》を読《よ》み込《こ》むのはいつも苦労《くろう》しているので、いい楽器《がっき》を作《つく》るためにも語学《ごがく》はやっておきたかったですね。英語《えいご》、ドイツ語《ご》、フランス語《ご》、スペイン語《ご》などたくさんの資料《しりょう》がありますが、基本《きほん》の英語《えいご》ができるだけでもかなり違《ちが》うと思《おも》います。

ただ、僕《ぼく》の場合《ばあい》は師匠《ししょう》がいたことで楽《らく》をさせてもらってはいます。昔《むかし》は本当《ほんとう》に資料《しりょう》がなくて、手探《てさぐ》りで作《つく》った楽器《がっき》もあったんですよ。僕《ぼく》はその様子《ようす》を見《み》ながら育《そだ》ったので、基礎《きそ》があるところからスタートできました。そこは弟子入《でしい》りの強《つよ》みではありますね。だからこそ師匠《ししょう》よりいいものを作《つく》らないといけないのですが、できているかはまだわかりません。今《いま》でも師匠《ししょう》の楽器《がっき》を愛用《あいよう》してくれる人《ひと》がたくさんいるし、自分《じぶん》もそうなれればいいなと考《かんが》えています。

Q 子《こ》どもの頃《ころ》の体験《たいけん》で、今役《いまやく》に立《た》っていることはありますか?

A 小《ちい》さな頃《ころ》から音《おと》にはよく触《ふ》れていました。姉《あね》も僕《ぼく》もやっていたので、家《いえ》ではずっとピアノの音《おと》が聞《き》こえていたんです。後《のち》に姉《あね》はピアノの先生《せんせい》にもなり、生徒《せいと》さんが弾《ひ》くピアノの音《おと》もよく鳴《な》っていました。たくさんの音《おと》を聞《き》いているうちに自然《しぜん》と染《し》みついたのか、僕《ぼく》もたくさんの音《おと》がイメージできるし、その中《なか》で好《す》き嫌《きら》いがあります。この感覚《かんかく》は仕事《しごと》に役立《やくだ》っているし、もし経験《けいけん》していなかったら音作《おとづく》りにもっと苦労《くろう》していたかもしれません。

チェンバロはひとつひとつが手作《てづく》りなので、音《おと》には作《つく》った人《ひと》の個性《こせい》が出《で》て、聞《き》いただけで誰《だれ》が作《つく》ったかわかる楽器《がっき》もあるくらいです。もちろん音楽《おんがく》をやるための音《おと》を作《つく》るのが基本《きほん》ですが、最終的《さいしゅうてき》にはいい音《おと》・悪《わる》い音《おと》ではなく、好《す》きな音《おと》・嫌《きら》いな音《おと》の違《ちが》いになると思《おも》っています。きれいな音《おと》が好《す》きな人《ひと》も深《ふか》く伸《の》びる音《おと》が好《す》きな人《ひと》もいていいし、僕《ぼく》も自然《しぜん》と自分好《じぶんごの》みの音《おと》が出《で》る楽器《がっき》を作《つく》っている気《き》がします。そういう風《ふう》に考《かんが》えられるようになったのも、たくさんの音《おと》を聞《き》いていたからこそだと思《おも》います。

Q 楽器製作者《がっきせいさくしゃ》に興味《きょうみ》を持《も》っている人《ひと》にメッセージをお願《ねが》いします。

A まずは楽器《がっき》を作《つく》るのが好《す》きな人《ひと》でしょうね。自分《じぶん》が理想《りそう》とする音《おと》を出《だ》すためにはいろいろ面倒《めんどう》な作業《さぎょう》も必要《ひつよう》ですが、好《す》きなら面倒《めんどう》なこともできるんです。作業《さぎょう》が途中《とちゅう》で嫌《いや》になってしまったらどうしようもないですし、やっぱり作《つく》るのが好《す》きで、素材《そざい》や調整《ちょうせい》をいろいろ試《ため》せる人《ひと》のほうがいいと思《おも》います。手先《てさき》が器用《きよう》な人《ひと》、音楽《おんがく》に詳《くわ》しい人《ひと》が向《む》いているとは限《かぎ》らないんです。

あとは音《おと》のこともしっかり考《かんが》えてくれるといいですね。見《み》た目《め》がきれいな楽器《がっき》もいいけれど、それだけでは意味《いみ》がありません。作《つく》るのは誰《だれ》が見《み》てもきれいな工芸品《こうげいひん》ではなく、演奏《えんそう》に使《つか》う楽器《がっき》なんです。だから一番大事《いちばんだいじ》なのは、どういう音《おと》が出《で》るかということで、僕《ぼく》も音楽的《おんがくてき》な音《おと》が出《で》ることを目指《めざ》しているんです。

最終的《さいしゅうてき》には自分《じぶん》が作《つく》った楽器《がっき》の音《おと》とタッチで、演奏家《えんそうか》と向《む》き合《あ》うような感《かん》じですね。そして音《おと》を聞《き》いた人《ひと》が、自分《じぶん》もこの楽器《がっき》で演奏《えんそう》してみたい、もっとこの音《おと》を聞《き》いてみたいと思《おも》ってくれれば一番《いちばん》うれしいです。

Q 仕事《しごと》をする上《うえ》で自分《じぶん》なりに工夫《くふう》していることはありますか?

A チェンバロは素人《しろうと》でも形《かたち》だけなら作《つく》れて、音《おと》も一応《いちおう》は鳴《な》る楽器《がっき》です。大事《だいじ》なのはそこから先《さき》の部分《ぶぶん》で、音楽的《おんがくてき》な音《おと》をちゃんと出《だ》せるかかどうかです。僕以外《ぼくいがい》のチェンバロ職人《しょくにん》も同《おな》じだろうとは思《おも》いますが、音作《おとづく》りには徹底《てってい》してこだわっています。

音《おと》に関《かか》わる部分《ぶぶん》は本当《ほんとう》にたくさんあります。音《おと》を直接鳴《ちょくせつな》らす弦《げん》も本体《ほんたい》の箱《はこ》もそうですし、鍵盤《けんばん》でもなんでも少《すこ》しは音《おと》に影響《えいきょう》してくるんです。使《つか》う素材《そざい》や作《つく》り方《かた》、調整《ちょうせい》でも音《おと》は変《か》わるので、本当《ほんとう》に全部《ぜんぶ》の場所《ばしょ》に気《き》をつけていますね。最初《さいしょ》から最後《さいご》まで自分《じぶん》でやっているからどんな工夫《くふう》も詰《つ》め込《こ》めるし、成功《せいこう》も失敗《しっぱい》も自分《じぶん》に返《かえ》ってくる。そんなところもチェンバロ作《づく》りの面白《おもしろ》さだと思《おも》います。

たとえば材料《ざいりょう》を探《さが》すときは、欲《ほ》しい木《き》があったらまず騒《さわ》ぐんです。仲間《なかま》にもずっと木《き》の話《はなし》をしていると、自然《しぜん》と情報《じょうほう》が入《はい》ってきたりするんですよ。そうやって探《さが》すのも実際《じっさい》に試《ため》してみるのも好《す》きなので、師匠《ししょう》からは「材料《ざいりょう》オタク」と呼《よ》ばれたこともあります。

曲《ま》げ台《だい》

理想《りそう》のカーブを作《つく》り出《だ》す

曲《ま》がった板《いた》を作《つく》るために木材《もくざい》を当《あ》てる台座《だいざ》。木《き》の片面《かためん》を湿《しめ》らせ、もう片面《かためん》を焼《や》いて膨張《ぼうちょう》率《りつ》を変《か》え、力《ちから》をかけて曲《ま》げていきます。このために作《つく》ってもらった特注品《とくちゅうひん》です。

ドラムサンダー

小《ちい》さな木《き》も調整《ちょうせい》できる

自動《じどう》かんなと同《おな》じように木《き》の厚《あつ》みを整《ととの》える機械《きかい》ですが、表面《ひょうめん》をやすりで削《けず》るため細《こま》かい調整《ちょうせい》が可能《かのう》。ジャックなど小《ちい》さくて細《こま》かい部分《ぶぶん》に使《つか》う木《き》の加工《かこう》に使《つか》っています。

工房《こうぼう》

気温《きおん》·湿度《しつど》も管理中《かんりちゅう》!

チェンバロを作《つく》る木《き》は温度《おんど》・湿度《しつど》の影響《えいきょう》を受《う》けやすい素材《そざい》。変化《へんか》が激《はげ》しいと状態《じょうたい》が変《か》わってしまうため、空調設備《くうちょうせつび》で温度《おんど》を一定《いってい》に保《たも》つなど保管《ほかん》にも気《き》を配《くば》っています。

作業台《さぎょうだい》

作業《さぎょう》を支《ささ》える頑丈《がんじょう》な台《だい》

製作《せいさく》に使《つか》う木《き》は選《えら》び抜《ぬ》いたものばかり。一《いち》台《だい》に使《つか》う木材《もくざい》は加工《かこう》してからまとめて置《お》いておき、箱作《はこづく》りや音《おと》を響《ひび》かせる響板《きょうばん》の取《と》り付《つ》けなどの作業《さぎょう》もここで行《おこな》います。

木材《もくざい》

選《えら》び抜《ぬ》いた木《き》を保管中《ほかんちゅう》

部品《ぶひん》ごとに適《てき》した木材《もくざい》が違《ちが》うので、ポプラ、糸杉《いとすぎ》、ドイツトウヒをはじめたくさんの木《き》を用意《ようい》。入手方法《にゅうしゅほうほう》は海外《かいがい》に注文《ちゅうもん》したり材木《ざいもく》屋《や》さんから購入《こうにゅう》したりとさまざまです。

丸《まる》のこ昇降盤《しょうこうばん》

のこぎりで木材《もくざい》をカット

木材《もくざい》の加工《かこう》ではまず、この電動《でんどう》のこぎりで板《いた》を適当《てきとう》な長《なが》さ・幅《はば》にカットします。まっすぐきれいに木材《もくざい》を切《き》ることができ、刃《は》の長《なが》さを調整《ちょうせい》すれば厚《あつ》い板《いた》も加工《かこう》できます。

自動《じどう》かんな

板《いた》の厚《あつ》みを整《ととの》える

木《き》を平《たい》らにして厚《あつ》みを整《ととの》える機械《きかい》で、ここに木材《もくざい》をセットすると一定《いってい》の厚《あつ》さになるまで刃物《はもの》が表面《ひょうめん》を削《けず》ってくれます。厚《あつ》みは横《よこ》についているハンドルで調整《ちょうせい》しています。

楽器製作者《がっきせいさくしゃ》の仕事場《しごとば》

美《うつく》しい音色《ねいろ》のチェンバロを作《つく》り出《だ》す島口《しまくち》さんの工房《こうぼう》。
木材《もくざい》の加工《かこう》、組《く》み立《た》て、塗装《とそう》など多《おお》くの工程《こうてい》を経《へ》て、一台《いちだい》の楽器《がっき》ができあがります。

島口《しまぐち》さんこだわりの7つ道具《どうぐ》

複雑《ふくざつ》な楽器《がっき》を自分《じぶん》の手《て》で作《つく》り上《あ》げる島口《しまぐち》さんの7つ道具《どうぐ》です。
こだわりと工夫《くふう》を取《と》り入《い》れた製作工程《せいさくこうてい》で、美《うつく》しい音《おと》を作《つく》り出《だ》します。

◀羽根《はね》

昔《むかし》から使《つか》われる天然素材《てんねんそざい》

爪《つめ》の材料《ざいりょう》にしている猛禽類《もうきんるい》の羽根《はね》。芯《しん》の部分《ぶぶん》は軽《かる》くて適度《てきど》に固《かた》く、よくしなる特徴《とくちょう》があるため、きれいな音《おと》とシャープな弾《ひ》き心地《ごこち》を実現《じつげん》できます。使《つか》うとすり減《へ》っていき手《て》入《い》れも必要《ひつよう》ですが、島口《しまぐち》さんお気《き》に入《い》りの素材《そざい》です。

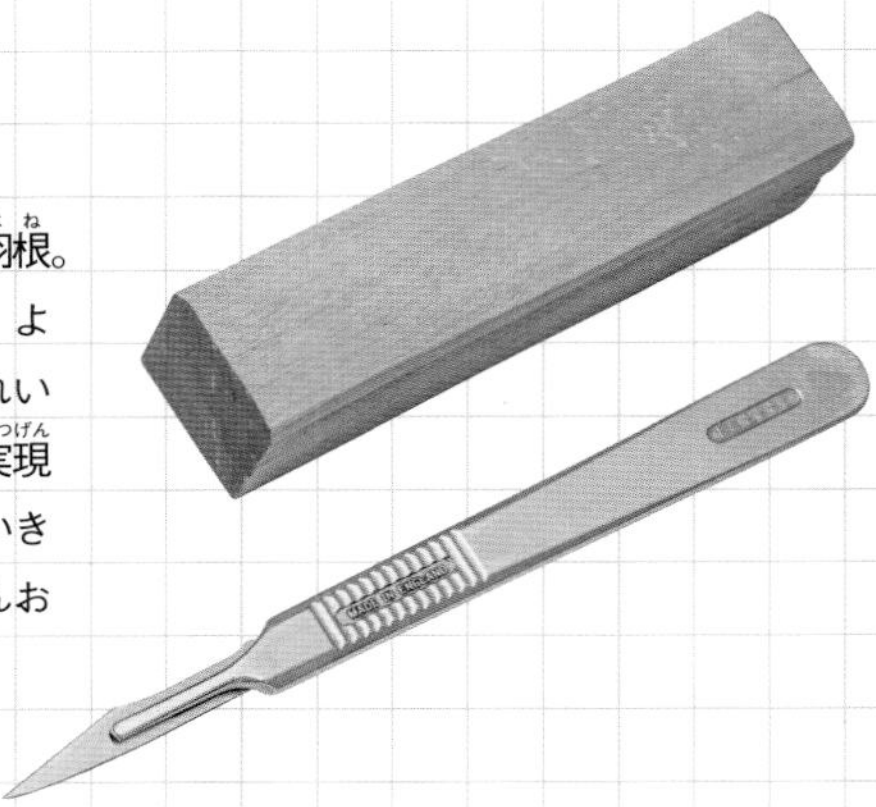

◀整音《せいおん》セット

師匠《ししょう》から教《おそ》わった工夫《くふう》

弦《げん》を弾《ひ》く爪《つめ》を調整《ちょうせい》する道具類《どうぐるい》です。形《かたち》を見《み》やすいよう断面《だんめん》を赤《あか》く塗《ぬ》ったボイシングブロックに爪《つめ》を乗《の》せ、細《こま》かい作業《さぎょう》のできる医療用《いりょうよう》メスで形《かたち》を調整《ちょうせい》。医療用《いりょうよう》メスを使《つか》うのは師匠《ししょう》の堀《ほり》さんから教《おそ》わったやり方《かた》です。

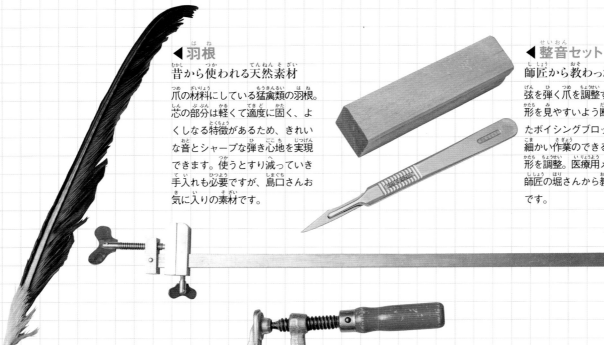

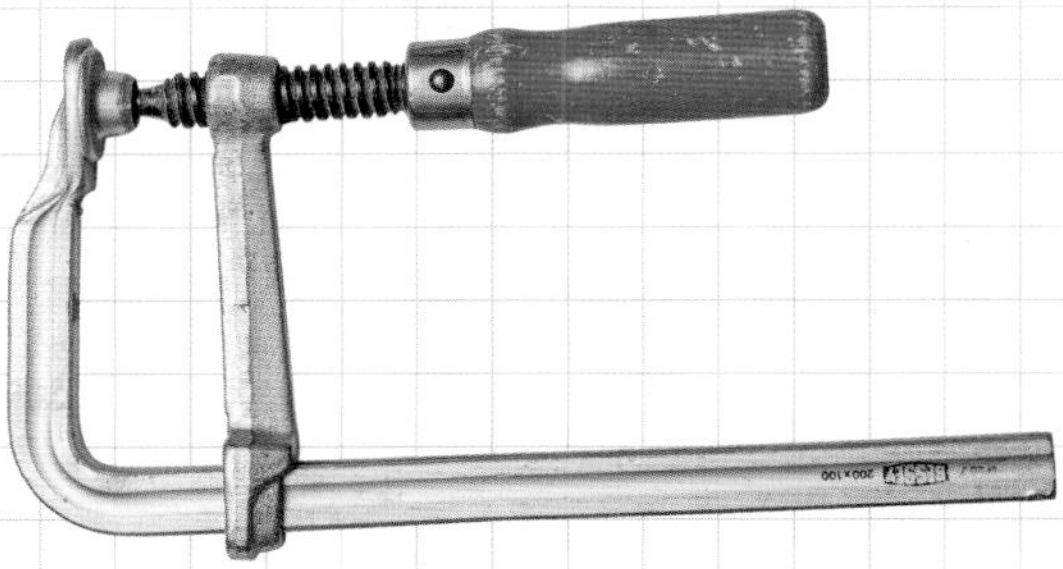

◀締《し》め具《ぐ》

部品《ぶひん》をしっかり押《お》さえつける

木《き》を曲《ま》げたり部品《ぶひん》を接着《せっちゃく》したりするのは時間《じかん》がかかるため、締《し》め具《ぐ》でしっかり固定《こてい》します。上《うえ》のはたがねは響板《きょうばん》など幅《はば》のある部品《ぶひん》、下《した》のクランプは木《き》や大《おお》きな部品《ぶひん》を押《お》さえるのに使《つか》います。

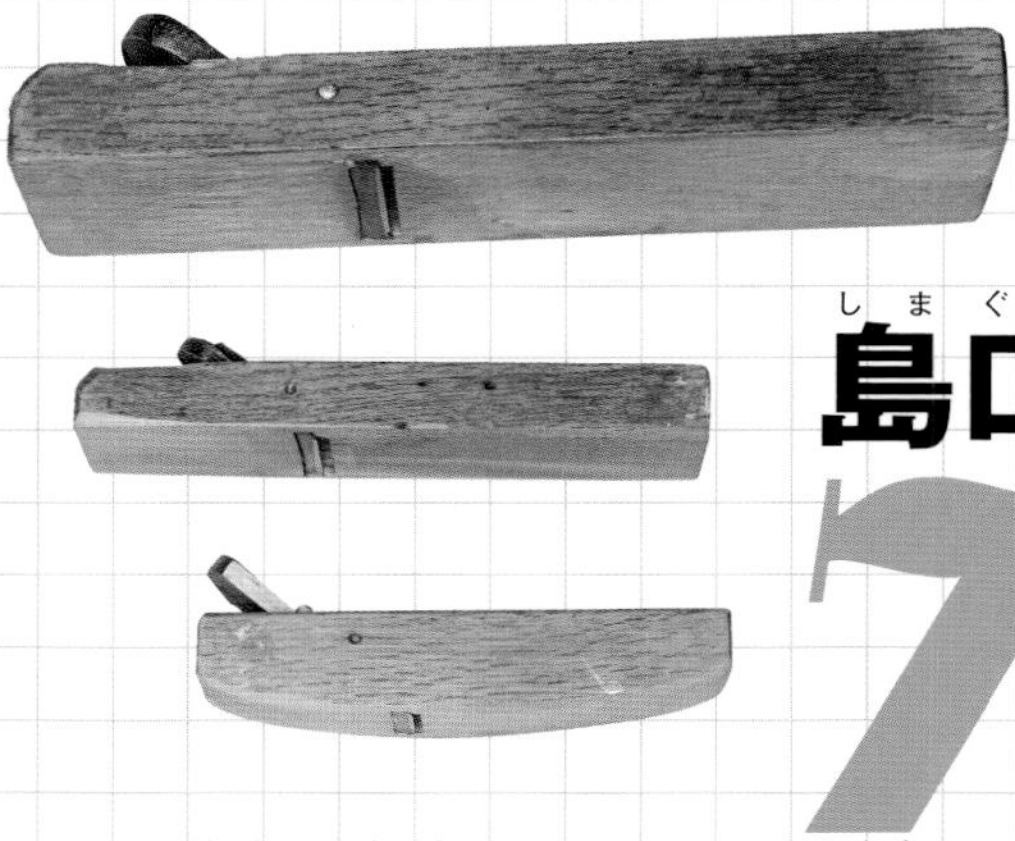

▶かんな

長年《ながねん》の愛用品《あいようひん》も!

機械《きかい》で削《けず》った跡《あと》をきれいにしたり、板《いた》をまっすぐに整《ととの》えたりするかんな。台座《だいざ》の丸《まる》いそり台《だい》かんなは曲面《きょくめん》を削《けず》るのに使《つか》います。弟子入《でしい》り当時《とうじ》に買《か》ったものには愛着《あいちゃく》があり、今《いま》も大事《だいじ》にしています。

▼皮《かわ》裁《だ》ち包丁《ほうちょう》

細《こま》かい細工《さいく》に欠《か》かせない

先端《せんたん》が刃《は》になっているのみの形《かたち》をした包丁《ほうちょう》です。細《こま》かい部分《ぶぶん》の細工《さいく》に向《む》いていて、クロスや皮《かわ》を切《き》ったり、細《こま》かい木《き》を薄《うす》く削《けず》って形《かたち》を整《ととの》えたりします。

▲げんのう

手《て》になじんだ自作《じさく》の品《しな》

叩《たた》いて金具《かなぐ》をはめ込《こ》んだりするのに使《つか》う道具《どうぐ》で、弟子入《でしい》り当時《とうじ》に自作《じさく》したものです。今《いま》でも携帯用《けいたいよう》として現場《げんば》に持《も》ち歩《ある》いていて、工房《こうぼう》ではもっと大《おお》きなものを使《つか》います。

▶にかわ

ヨーロッパからの輸入品《ゆにゅうひん》

にかわは動物《どうぶつ》のコラーゲンで作《つく》った接着剤《せっちゃくざい》で、湯《ゆ》せんで溶《と》かして使《つか》います。響《ひび》きをよくするため、音《おと》に関係《かんけい》する部分《ぶぶん》はすべてこれで接着《せっちゃく》します。

楽器製作者《がっきせいさくしゃ》ってどうしたらなれるの?

中学《ちゅうがく》 3年《ねん》 15歳《さい》

↓

高校《こうこう》 3年《ねん》 18歳《さい》

↓

音楽系専門学校《おんがくけいせんもんがっこう》、短大《たんだい》、大学《だいがく》 2〜4年《ねん》 20・22歳《さい》

仕事《しごと》には楽器《がっき》・音楽《おんがく》についての知識《ちしき》、製作《せいさく》の技能《ぎのう》が必要《ひつよう》です。
基礎《きそ》は楽器製作《がっきせいさく》コースを設《もう》けている音楽系《おんがくけい》の専門学校《せんもんがっこう》などで学《まな》べ、
海外《かいがい》の学校《がっこう》で勉強《べんきょう》してから活躍《かつやく》する人《ひと》もいます。
身近《みぢか》な体験《たいけん》として製作教室《せいさくきょうしつ》[*1]に参加《さんか》するのもよいでしょう。

↓

楽器《がっき》メーカー、工房《こうぼう》などに就職《しゅうしょく》

学校卒業後《がっこうそつぎょうご》の就職先《しゅうしょくさき》は楽器《がっき》メーカー[*2]や工房《こうぼう》[*3]など。仕事《しごと》をしながら経験《けいけん》を積《つ》み、技術《ぎじゅつ》と知識《ちしき》を身《み》につけていきます。
弦楽器《げんがっき》、鍵盤楽器《けんばんがっき》、管楽器《かんがっき》など、楽器《がっき》の種類《しゅるい》で素材《そざい》も作《つく》り方《かた》も変《か》わるため、専門分野《せんもんぶんや》を決《き》める必要《ひつよう》もあります。

↓

楽器製作者《がっきせいさくしゃ》

一人前《いちにんまえ》になるまでには長《なが》い時間《じかん》がかかりますが、
高《たか》い実力《じつりょく》を身《み》につければ独立《どくりつ》して自分《じぶん》の工房《こうぼう》を持《も》ったり、後進《こうしん》を指導《しどう》したりする働《はたら》き方《かた》も可能《かのう》。
いい楽器《がっき》を作《つく》るための努力《どりょく》は常《つね》に続《つづ》けなくてはいけません。

*1 製作教室《せいさくきょうしつ》

工房《こうぼう》などが開《ひら》く製作教室《せいさくきょうしつ》では、プロの楽器《がっき》製作者《せいさくしゃ》に指導《しどう》されながら楽器作《がっきづく》りを体験《たいけん》できます。さまざまな教室《きょうしつ》があるので、弦楽《げんがっ》器《き》、打楽器《だがっき》など興味《きょうみ》のある種類《しゅるい》の教室《きょうしつ》に参《さん》加《か》すると役立《やくだ》ちます。

*2 楽器《がっき》メーカー

一台《いちだい》の楽器《がっき》を最初《さいしょ》から最後《さいご》まで作《つく》ったり、分業体制《ぶんぎょうたいせい》で特定《とくてい》の部品《ぶひん》だけを作《つく》ったりと、業務《ぎょうむ》の内容《ないよう》は会社《かいしゃ》によって変《か》わります。楽《がっ》器製作者《きせいさくしゃ》としての将来《しょうらい》にも関《かか》わるため、先《さき》のことを考《かんが》えて就職《しゅうしょく》する必要《ひつよう》があります。

*3 工房《こうぼう》

プロの楽器製作者《がっきせいさくしゃ》が営《いとな》む工房《こうぼう》で、楽器《がっき》の製《せい》作《さく》・調律《ちょうりつ》・修理《しゅうり》などから収入《しゅうにゅう》を得《え》るのが一《いっ》般的《ぱんてき》です。弟子入《でしい》りの形《かたち》でアシスタントをしながら仕事《しごと》を覚《おぼ》えることもできますが、どこでも受《う》け入《い》れているとは限《かぎ》りません。

平均給与月額《へいきんきゅうよげつがく》

33万《まん》2,000円《えん》

推定平均年収《すいていへいきんねんしゅう》

約《やく》398万円《まんえん》

お給料《きゅうりょう》っていくら?

左《ひだり》の数字《すうじ》は楽器《がっき》メーカーで製造《せいぞう》する人《ひと》の平均額《へいきんがく》で、収入《しゅうにゅう》は勤続年数《きんぞくねんすう》・立場《たちば》によってアップ。自分《じぶん》で工房《こうぼう》を運営《うんえい》する場合《ばあい》は個人差《こじんさ》があり、お客《きゃく》さんからの注文《ちゅうもん》や生産数《せいさんすう》、材料費《ざいりょうひ》などで大《おお》きく変《か》わります。

厚生労働省《こうせいろうどうしょう》 令和《れいわ》4年賃金構造基本統計調査《ねんちんぎんこうぞうきほんとうけいちょうさ》より。一般的《いっぱんてき》な平均給与《へいきんきゅうよ》で、特定《とくてい》の個人《こじん》の額《がく》ではありません。

他《ほか》にも いろいろなお仕事《しごと》!

音楽《おんがく》に関《かか》わるお仕事《しごと》は多種多様《たしゅたよう》です。
もしかしたら皆《みな》さんの将来《しょうらい》の職業《しょくぎょう》がこの中《なか》にあるかも!

声楽家《せいがくか》

[どんな仕事《しごと》?]

オペラやクラシック音楽《おんがく》の歌《うた》を歌《うた》うのが声楽《せいがく》家《か》の仕事《しごと》です。声《こえ》の出《だ》し方《かた》をはじめとするクラシック音楽《おんがく》の歌唱法《かしょうほう》、音楽理論《おんがくりろん》などの技能《ぎのう》を身《み》につけ、自分《じぶん》の声《こえ》を楽器《がっき》にして大《おお》きく響《ひび》く声《こえ》で感情豊《かんじょうゆた》かに歌《うた》います。声楽家《せいがくか》は普段《ふだん》から歌《うた》のトレーニングを重《かさ》ねて技能《ぎのう》を高《たか》め、オペラ団体《だんたい》や合唱団《がっしょうだん》に所属《しょぞく》してコンサートでその歌声《うたごえ》を披露《ひろう》。高《たか》い実力《じつりょく》と多《おお》くの人《ひと》を集《あつ》める人気《にんき》があれば、ソリストとしてコンサートに出演《しゅつえん》したりオペラで重要《じゅうよう》な役《やく》を務《つと》めたりと、活躍《かつやく》の場《ば》を広《ひろ》げることも可能《かのう》になります。

[どうしたらなれる?]

音楽大学《おんがくだいがく》・短大《たんだい》の声楽科《せいがくか》で勉強《べんきょう》するのが一般的《いっぱんてき》。入試《にゅうし》には歌《うた》の実技《じつぎ》もあるので、個人《こじん》レッスンを受《う》けたりして基礎《きそ》を身《み》につけておく必要《ひつよう》もあります。学校《がっこう》では歌唱法《かしょうほう》など歌《うた》の技術《ぎじゅつ》、音楽《おんがく》理論《りろん》・音楽史《おんがくし》などの知識《ちしき》を学《まな》びます。外国語《がいこくご》で歌《うた》う機会《きかい》も多《おお》いため、語学《ごがく》の勉強《べんきょう》も役立《やくだ》つでしょう。卒業後《そつぎょうご》に大学院《だいがくいん》や海外《かいがい》の学校《がっこう》に進《すす》み、さらに勉強《べんきょう》を続《つづ》ける人《ひと》もいます。その後《ご》は合唱《がっしょう》団《だん》・オペラ団体《だんたい》の研修生《けんしゅうせい》としてプロの現場《げんば》で経《けい》験《けん》を積《つ》んだり、コンクール入賞《にゅうしょう》を目指《めざ》したりしながら実力《じつりょく》をつけていきます。

オーケストラプレイヤー

[どんな仕事《しごと》?]

オーケストラに所属《しょぞく》するプロの演奏家《えんそうか》です。オーケストラに編成《へんせい》されるバイオリン、チェロなどの弦楽器《げんがっき》、オーボエ、ホルンなどの管楽器《かんがっき》、ティンパニなどの打楽器《だがっき》のいずれかを専門《せんもん》とし、高《たか》い演奏技術《えんそうぎじゅつ》と音楽《おんがく》の知識《ちしき》を持《も》っています。ふだんから演奏技術《えんそうぎじゅつ》の維持《いじ》・向上《こうじょう》のためにトレーニングを重《かさ》ね、コンサート本番《ほんばん》では指揮者《しきしゃ》の意《い》図《と》をくみ取《と》って演奏《えんそう》。特《とく》に高《たか》い実力《じつりょく》を持《も》つ演奏《えんそう》家《か》は、同《おな》じ楽器《がっき》のパートをまとめる首席奏者《しゅせきそうしゃ》という立場《たちば》を務《つと》めることもあります。

[どうしたらなれる?]

クラシック音楽《おんがく》の専門知識《せんもんちしき》と演奏《えんそう》の技能《ぎのう》が求《もと》められます。ほとんどの人《ひと》は子《こ》どもの頃《ころ》から楽《がっ》器《き》のレッスンを受《う》け、音楽大学《おんがくだいがく》での専門教育《せんもんきょういく》を受《う》けています。オーディションを受《う》けてオーケストラに所属《しょぞく》するのが一般的《いっぱんてき》ですが、日本国内《にほんこくない》のプロオーケストラは数《かず》が限《かぎ》られており、欠員《けついん》募集《ぼしゅう》の形《かたち》で採用《さいよう》するケースも多《おお》いので、簡単《かんたん》に入《はい》れるわけではありません。少《すく》ないチャンスを手《て》に入《い》れるため、日頃《ひごろ》の練習《れんしゅう》や音楽活動《おんがくかつどう》で実力《じつりょく》をつけ、情報収集《じょうほうしゅうしゅう》にも努《つと》める必要《ひつよう》があります。

ライブラリアン

【どんな仕事《しごと》？】

オーケストラで使《つか》う楽譜《がくふ》を管理《かんり》するのがライブラリアンです。コンサートでの演奏曲《えんそうきょく》が決《き》まると楽譜《がくふ》を音楽出版社《おんがくしゅっぱんしゃ》などから購入《こうにゅう》・レンタルで手配《てはい》。指揮者用《しきしゃよう》の総譜《そうふ》、各《かく》パートによって違《ちが》うパート譜《ふ》を人数分用意《にんずうぶんようい》し、指揮者《しきしゃ》や首席奏者《しゅせきそうしゃ》とやりとりをしながら演奏方法《えんそうほうほう》の指示《しじ》を書《か》き込《こ》んだりして、コンサートのための楽譜《がくふ》を作《つく》り上《あ》げます。本番前《ほんばんまえ》には指揮者《しきしゃ》から楽譜《がくふ》を受《う》け取《と》ってステージ上《じょう》の譜面台《ふめんだい》にセットする役目《やくめ》もあり、多《おお》くのコンサートでさまざまな曲《きょく》を演奏《えんそう》するオーケストラの活動《かつどう》を支《ささ》えています。

【どうしたらなれる？】

指揮者《しきしゃ》・演奏家《えんそうか》と充分《じゅうぶん》なコミュニケーションを取《と》れる音楽知識《おんがくちしき》、楽譜《がくふ》を読《よ》み取《と》る能力《のうりょく》、外国《がいこく》人《じん》指揮者《しきしゃ》や海外《かいがい》ともやりとりできる語学力《ごがくりょく》など、仕事《しごと》に活用《かつよう》できるスキルは多数《たすう》。ライブラリアンを養成《ようせい》する学校《がっこう》はありませんが、音楽《おんがく》の専門《せんもん》教育《きょういく》を受《う》けた人《ひと》が務《つと》めることの多《おお》い職業《しょくぎょう》です。仕事《しごと》を始《はじ》めるにはオーケストラの職員募集《しょくいんぼしゅう》に応《おう》募《ぼ》し、採用試験《さいようしけん》に合格《ごうかく》する必要《ひつよう》があります。大《おお》きなオーケストラでは複数《ふくすう》のライブラリアンが所属《しょぞく》していて、先輩《せんぱい》に指導《しどう》されながら仕事《しごと》のやり方《かた》を覚《おぼ》えることもできます。

リペアマン

【どんな仕事《しごと》？】

複雑《ふくざつ》で繊細《せんさい》な作《つく》りをしている楽器《がっき》は壊《こわ》れやすいもの。取《と》り扱《あつか》いや保管状況《ほかんじょうきょう》によって状態《じょうたい》は変《か》わりますし、演奏《えんそう》によって部品《ぶひん》がすり減《へ》るなど消耗品《しょうもうひん》の側面《そくめん》もあります。簡単《かんたん》な調整《ちょうせい》は演奏家《えんそうか》も行《おこな》えますが、リペアマンは高度《こうど》な修理《しゅうり》（リペア）や調整《ちょうせい》をする専門家《せんもんか》です。お客《きゃく》さんから依《い》頼《らい》を受《う》け、楽器《がっき》の構造《こうぞう》や音作《おとづく》りについての専門《せんもん》知識《ちしき》と技能《ぎのう》を生《い》かし、楽器《がっき》の修理《しゅうり》や音《おと》の調整《ちょうせい》、定期的《ていきてき》なメンテナンスなどを行《おこな》います。主《おも》な勤《つと》め先《さき》は楽器《がっき》メーカー、楽器店《がっきてん》、修理工房《しゅうりこうぼう》などで、新品《しんぴん》の初期整備《しょきせいび》を行《おこな》うこともあります。

【どうしたらなれる？】

仕事《しごと》をするための特別《とくべつ》な資格《しかく》はありませんが、専門的《せんもんてき》な知識《ちしき》・技術《ぎじゅつ》が求《もと》められます。職場《しょくば》によってはお客《きゃく》さんの要望《ようぼう》を直接《ちょくせつ》聞《き》くためコミュニケーション能力《のうりょく》も必要《ひつよう》です。楽器《がっき》の種類《しゅるい》によって必要《ひつよう》な技能《ぎのう》は異《こと》なりますが、楽器製作《がっきせいさく》コースでリペアを勉強《べんきょう》できる音楽系学校《おんがくけいがっこう》もあるので、基礎《きそ》を身《み》につけておくとよいでしょう。社内《しゃない》でリペアマンを養成《ようせい》している楽器《がっき》メーカーに勤《つと》めれば仕事《しごと》をしながら技術《ぎじゅつ》を磨《みが》くことも可《か》能《のう》です。就職後《しゅうしょくご》はアシスタント的《てき》な業務《ぎょうむ》から始《はじ》め、多《おお》くの楽器《がっき》を手《て》がけて実力《じつりょく》を身《み》につけます。

ギタリスト

【どんな仕事《しごと》？】

ギターはロック、ジャズ、ブルース、ポップスなどさまざまなジャンルの音楽《おんがく》に使《つか》われる弦《げん》楽器《がっき》で、クラシックギター、フォークギター、エレキギターなどの種類《しゅるい》によって音《おと》や奏法《そうほう》は変《か》わります。ギターを専門《せんもん》に弾《ひ》く演奏家《えんそうか》がギタリストです。ギターの高《たか》い演奏技術《えんそうぎじゅつ》と音楽《おんがく》センスを生《い》かし、ソロやバンドでプロデビューしてライブ活動《かつどう》をしたり、バックミュージシャンやスタジオミュージシャンとしてアーティストをサポートしたり、学校《がっこう》や教室《きょうしつ》で人《ひと》を指導《しどう》したりといった働《はたら》き方《かた》があります。

【どうしたらなれる？】

ギターを仕事《しごと》にするには高《たか》い実力《じつりょく》を身《み》につける必要《ひつよう》があります。音楽系《おんがくけい》の大学《だいがく》・短大《たんだい》、専門《せんもん》学校《がっこう》で基礎《きそ》を勉強《べんきょう》することもできますが、自分《じぶん》でも練習《れんしゅう》を重《かさ》ねなければいけません。さらに将《しょう》来《らい》の目標《もくひょう》に合《あ》わせ、プロデビューなら表現力《ひょうげんりょく》、スタジオミュージシャンなら楽譜通《がくふどお》りに弾《ひ》く演《えん》奏力《そうりょく》など、必須《ひっす》の能力《のうりょく》を伸《の》ばしていきます。プロの演奏家《えんそうか》を目指《めざ》す場合《ばあい》は多《おお》くの人《ひと》に評価《ひょうか》されることが必要《ひつよう》なので、アマチュア活動《かつどう》、デモテープの作成《さくせい》などで音楽事務所《おんがくじむしょ》や他《ほか》のミュージシャンに実力《じつりょく》をアピールします。

レコーディングエンジニア

[どんな仕事《しごと》?]

CD制作《せいさく》などの現場《げんば》で録音《ろくおん》を担当《たんとう》する専門家《せんもんか》がレコーディングエンジニアです。アーティストやディレクターの考《かんが》えを実現《じつげん》するため、スタジオでのマイク設定《せってい》、音《おと》の収録《しゅうろく》、音量《おんりょう》やバランスの調整《ちょうせい》などを行《おこな》い、ライブ盤《ばん》の収録《しゅうろく》では現場《げんば》で録音《ろくおん》を担当《たんとう》。いろいろなジャンルの曲《きょく》を録音《ろくおん》するため、幅広《はばひろ》い音楽《おんがく》の知識《ちしき》も必要《ひつよう》です。音《おと》を聞《き》き分《わ》ける耳《みみ》、専用機材《せんようきざい》の操作方法《そうさほうほう》、歌《うた》や楽器《がっき》についての知識《ちしき》などを使《つか》いこなし、一番《いちばん》いい音《おと》を多《おお》くの人《ひと》に届《とど》けるために働《はたら》きます。

[どうしたらなれる?]

特別《とくべつ》な資格《しかく》・学歴《がくれき》は不要《ふよう》ですが、仕事《しごと》をするには専門知識《せんもんちしき》が欠《か》かせません。音響系《おんきょうけい》の専門学《せんもんがっ》校《こう》、芸術系《げいじゅつけい》の大学《だいがく》などで基礎《きそ》を勉強《べんきょう》するのが一《いっ》般的《ばんてき》です。主《おも》な就職先《しゅうしょくさき》は録音《ろくおん》スタジオやレコード会社《がいしゃ》で、マイクや機材《きざい》のセット、簡単《かんたん》な操作《そうさ》などアシスタント的《てき》な業務《ぎょうむ》で仕事《しごと》を覚《おぼ》えていき、実力《じつりょく》をつけると音《おと》をまとめるレコーディングエンジニアとして働《はたら》けます。音楽《おんがく》の流行《りゅうこう》や最新機《さいしんき》材《ざい》に対応《たいおう》する努力《どりょく》を続《つづ》け、高《たか》い信頼《しんらい》を得《え》られれば仕事《しごと》の量《りょう》も増《ふ》えていきます。

ディスクジョッキー

[どんな仕事《しごと》?]

クラブやイベント会場《かいじょう》、音楽《おんがく》フェスなどでその場《ば》に適《てき》した曲《きょく》を流《なが》し、雰囲気《ふんいき》を作《つく》り上《あ》げるのがディスクジョッキーの役割《やくわり》です。ターンテーブルやミキサーなどの機材《きざい》を使《つか》い、あらかじめ用意《ようい》した音源《おんげん》をつないで絶《た》え間《ま》なく曲《きょく》を流《なが》します。個性《こせい》が表《あらわ》れるのは曲《きょく》の選《えら》び方《かた》や曲《きょく》のつなぎ方《かた》、合間《あいま》のパフォーマンスやMCなど。腕《うで》のいいディスクジョッキーは多《おお》くの人《ひと》を集《あつ》められるため、仕事《しごと》の依頼《いらい》も増《ふ》えていきます。音源《おんげん》を自《じ》分《ぶん》で編曲《へんきょく》することも多《おお》く、作曲《さっきょく》・プロデュースなどの音楽活動《おんがくかつどう》を同時《どうじ》に行《おこな》う人《ひと》もいます。

[どうしたらなれる?]

豊富《ほうふ》な音楽《おんがく》の知識《ちしき》を持《も》ち、機材《きざい》の操作方法《そうさほうほう》を知《し》っていればディスクジョッキーの活動《かつどう》は可能《かのう》。ただし、プロとして続《つづ》けていくのは簡単《かんたん》ではありません。養成《ようせい》コースを設《もう》けている音楽系専門《おんがくけいせんもん》学校《がっこう》もありますが、多《おお》くの音楽《おんがく》を聞《き》いて音源《おんげん》を集《あつ》めるなどの努力《どりょく》をして自分《じぶん》なりのスタイルを作《つく》る必要《ひつよう》があります。その上《うえ》で仕事《しごと》の場《ば》を得《え》るため、クラブ経営者《けいえいしゃ》やイベント主催者《しゅさいしゃ》と人脈《じんみゃく》を築《きず》きます。さらにお客《きゃく》さんも含《ふく》めた多《おお》くの人《ひと》に支持《しじ》されるようになれば、活動《かつどう》できる範囲《はんい》も広《ひろ》がっていきます。

作曲家《さっきょくか》

[どんな仕事《しごと》?]

作曲家《さっきょくか》の仕事《しごと》は曲《きょく》を作《つく》ること。クラシック、ポピュラー、ジャズなど仕事《しごと》をする分野《ぶんや》は多数《たすう》で、映画音楽《えいがおんがく》やゲームのBGMを作《つく》る作曲家《さっきょくか》もいます。専門《せんもん》とするジャンルに合《あ》わせた音楽知《おんがくち》識《しき》と作曲技術《さっきょくぎじゅつ》、センスを元《もと》に、リズム・メロディなどを組《く》み合《あ》わせてオリジナルの曲《きょく》を制作《せいさく》。最《さい》近《きん》は楽譜《がくふ》を使《つか》わず、音楽作成《おんがくさくせい》ソフトを活用《かつよう》する作曲家《さっきょくか》も増《ふ》えています。芸術作品《げいじゅつさくひん》を創作《そうさく》するアーティスト的《てき》な人《ひと》もいますが、職業的《しょくぎょうてき》な作曲《さっきょく》家《か》の多《おお》くは企業《きぎょう》などの依頼《いらい》に合《あ》わせて作《つく》った曲《きょく》の報酬《ほうしゅう》・印税《いんぜい》などから収入《しゅうにゅう》を得《え》ます。

[どうしたらなれる?]

何《なに》よりも大切《たいせつ》なのは曲作《きょくづく》りのスキルです。音《おん》楽大学《がくだいがく》の作曲科《さっきょくか》で音楽理論《おんがくりろん》・作曲法《さっきょくほう》を学《まな》んだり、音楽系専門学校《おんがくけいせんもんがっこう》で機材《きざい》の使《つか》い方《かた》を身《み》につけたりと、自分《じぶん》が進《すす》む分野《ぶんや》の知識《ちしき》を身《み》につける必要《ひつよう》があります。楽器演奏《がっきえんそう》の経験《けいけん》も役《やく》に立《た》つでしょう。ゲーム制作会社《せいさくがいしゃ》、音楽《おんがく》プロダクションに所属《しょぞく》して社員《しゃいん》として仕事《しごと》をする人《ひと》もいますが、フリーランスは実力《じつりょく》を認《みと》められなければいけません。作曲《さっきょく》コンクールへの出展《しゅってん》、自作曲《じさくきょく》のネット配信《はいしん》などで注目《ちゅうもく》を集《あつ》められると、仕事《しごと》の依頼《いらい》も増《ふ》えていきます。

音楽教室講師《おんがくきょうしつこうし》

【どんな仕事《しごと》？】

音楽教室《おんがくきょうしつ》で楽器《がっき》の演奏方法《えんそうほうほう》などを指導《しどう》するのが音楽講師《おんがくこうし》の仕事《しごと》です。はじめて楽器《がっき》に触《ふ》れる子《こ》どもや趣味《しゅみ》で楽器《がっき》を習《なら》う人《ひと》、将来《しょうらい》の音楽家《おんがくか》を目指《めざ》す人《ひと》など教室《きょうしつ》に通《かよ》う目的《もくてき》は人《ひと》によって違《ちが》いますが、それぞれの目的《もくてき》・実力《じつりょく》に合《あ》わせた指導《しどう》を行《おこな》います。一般的《いっぱんてき》にはピアノ、バイオリン、フルートといった専門《せんもん》の楽器《がっき》について演奏法《えんそうほう》を指導《しどう》し、楽譜《がくふ》の読《よ》み方《かた》や音《おと》の聞《き》き方《かた》など音楽全般《おんがくぜんぱん》の基礎《きそ》を指導《しどう》することもあります。相手《あいて》に合《あ》わせて的確《てきかく》に教《おし》える指導力《しどうりょく》、見本《みほん》として演奏《えんそう》するための演奏力《えんそうりょく》などが仕事《しごと》には必要《ひつよう》です。

【どうしたらなれる？】

仕事《しごと》をするための特別《とくべつ》な資格《しかく》はありません。楽器《がっき》メーカーなどが運営《うんえい》する教室《きょうしつ》に勤《つと》めるか、自分《じぶん》で教室《きょうしつ》を経営《けいえい》するかが一般的《いっぱんてき》な働《はたら》き方《かた》です。メーカーで働《はたら》く場合《ばあい》は採用試験《さいようしけん》に合格《ごうかく》する必要《ひつよう》があり、音楽大学卒業程度《おんがくだいがくそつぎょうていど》の実力《じつりょく》を求《もと》められます。その後《ご》、社内《しゃない》で研修《けんしゅう》を受《う》けて教室《きょうしつ》に配属《はいぞく》され、経験《けいけん》を積《つ》みながら指導力《しどうりょく》を身《み》につけていきます。個人経営《こじんけいえい》の場合《ばあい》も人《ひと》に教《おし》える充分《じゅうぶん》な音楽《おんがく》の実力《じつりょく》、指導力《しどうりょく》は必須《ひっす》。さらに教室《きょうしつ》の会場《かいじょう》・設備《せつび》を自分《じぶん》で用意《ようい》し、生徒《せいと》を集《あつ》めるための営業努力《えいぎょうどりょく》も重《かさ》ねなければいけません。

音楽療法士《おんがくりょうほうし》

【どんな仕事《しごと》？】

音楽療法《おんがくりょうほう》は音楽《おんがく》の持《も》つ力《ちから》で心身《しんしん》のリハビリや機能維持《きのういじ》を目指《めざ》す療法《りょうほう》。その専門家《せんもんか》が音楽療法士《おんがくりょうほうし》です。音楽療法《おんがくりょうほう》の対象《たいしょう》はお年寄《としよ》りから子《こ》どもまで広《ひろ》く、医療機関《いりょうきかん》や高齢者施設《こうれいしゃしせつ》、学校《がっこう》などで取《と》り入《い》れられています。歌《うた》や楽器《がっき》の演奏《えんそう》で機能回復《きのうかいふく》・発達《はったつ》を図《はか》ったり、音楽《おんがく》を聞《き》いてリラックスする効果《こうか》を利用《りよう》したりと、療法《りょうほう》を受《う》ける個人《こじん》に合《あ》わせたプログラムを作《つく》って実行《じっこう》。仕事《しごと》では医師《いし》・看護師《かんごし》や介護士《かいごし》などの関係者《かんけいしゃ》とも連携《れんけい》するため、音楽《おんがく》の他《ほか》に介護《かいご》・医療《いりょう》についての専門知識《せんもんちしき》も身《み》につけています。

【どうしたらなれる？】

仕事《しごと》をするための公的資格《こうてきしかく》はありませんが、民間団体《みんかんだんたい》の認定資格《にんていしかく》がいくつか存在《そんざい》します。資格《しかく》を取《と》るにはそれぞれの団体《だんたい》が認定《にんてい》する大学《だいがく》・短大《たんだい》・専門学校《せんもんがっこう》などの教育機関《きょういくきかん》を卒業《そつぎょう》するか、講習《こうしゅう》を受《う》けるかして専門知識《せんもんちしき》を身《み》につけ、試験《しけん》に合格《ごうかく》する必要《ひつよう》があります。主《おも》な就職先《しゅうしょくさき》は高齢者福祉施設《こうれいしゃふくししせつ》、障《しょう》がい者福祉施設《しゃふくししせつ》などで、フリーランスとして依頼《いらい》を受《う》ける働《はたら》き方《かた》もあります。また、介護士《かいごし》・看護師《かんごし》などの資格所有者《しかくしょゆうしゃ》が、さらに音楽療法士資格《おんがくりょうほうししかく》を取得《しゅとく》し、音楽療法《おんがくりょうほう》を担当《たんとう》するケースも少《すく》なくありません。

音楽《おんがく》ライター

【どんな仕事《しごと》？】

雑誌《ざっし》やウェブなどのメディアで音楽《おんがく》についての記事《きじ》を書《か》くのが音楽《おんがく》ライターの仕事《しごと》です。記事《きじ》の種類《しゅるい》は最新《さいしん》ライブのレポート、新曲《しんきょく》の紹介《しょうかい》、アーティストへのインタビューなどさまざま。出版社《しゅっぱんしゃ》などから依頼《いらい》を受《う》け、読者《どくしゃ》が求《もと》める情報《じょうほう》をわかりやすく文章《ぶんしょう》で伝《つた》えます。仕事《しごと》を続《つづ》けていくには扱《あつか》う音楽《おんがく》ジャンルについての知識《ちしき》をはじめ、独自《どくじ》の記事《きじ》を作《つく》れる企画力《きかくりょく》、情報《じょうほう》を的確《てきかく》に整理《せいり》する文章力《ぶんしょうりょく》、アーティスト・音楽事務所《おんがくじむしょ》への取材力《しゅざいりょく》、業界内《ぎょうかいない》での人脈《じんみゃく》など、多《おお》くの能力《のうりょく》が必要《ひつよう》とされます。

【どうしたらなれる？】

仕事《しごと》の始《はじ》め方《かた》は人《ひと》それぞれで決《き》まったルートはありません。必要《ひつよう》なスキルを身《み》につけた上《うえ》で、音楽系《おんがくけい》の編集《へんしゅう》プロダクションで雑誌《ざっし》を作《つく》ったり、ＳＮＳやブログなどに文章《ぶんしょう》を発表《はっぴょう》したりと、自分《じぶん》に合《あ》った方法《ほうほう》で実力《じつりょく》をアピールするとよいでしょう。独自《どくじ》の視点《してん》から記事《きじ》を書《か》けるなど、他《ほか》の人《ひと》にはない武器《ぶき》があれば仕事《しごと》の依頼《いらい》も増《ふ》え、音楽評論《おんがくひょうろん》などに活動《かつどう》を広《ひろ》げることも可能《かのう》になります。ジャンルによっては流行《りゅうこう》の変化《へんか》が激《はげ》しくライターの世代交代《せだいこうたい》も早《はや》いため、新《あたら》しい流《なが》れを捉《とら》える努力《どりょく》も大切《たいせつ》です。

協力

有限会社GRACIAS

ファツィオリジャパン株式会社
https://fazioli.co.jp

公益社団法人広島交響楽協会(広島交響楽団事務局)
広島市中区舟入中町9-12
082-532-3080
http://www.hirokyo.or.jp/

広島文化学園HBGホール(広島市文化交流会館)
広島県広島市中区加古町3-3
082-243-8488
https://h-bkk.jp/hall/

島口ハープシコード工房

写真協力:横溝昌一(P40右下チェンバロ)

キャリア教育支援ガイド

お仕事ナビ28 音楽に関わる仕事

歌手 ピアノ調律師 指揮者 楽器製作者

お仕事ナビ編集室

編集協力　株式会社A.I
本文執筆　桑山裕司
撮影　奥村暢欣
ブックデザイン　羽賀ゆかり

発行者　鈴木博喜
編　集　池田菜採
発行所　株式会社　理論社
〒101-0062　東京都千代田区神田駿河台2-5
電話　営業 03-6264-8890　編集 03-6264-8891
URL　https://www.rironsha.com

2024年2月初版
2024年2月第1刷発行

印刷・製本　図書印刷　上製加工本

ISBN978-4-652-20580-8　NDC366　A4変型判　29cm　55P

お仕事ナビシリーズ

第一期

- ❶ **食べ物を作る仕事** パティシエ シェフ パン職人 ラーメン屋さん 和食料理人
- ❷ **ゲームを作る仕事** グラフィックデザイナー プロデューサー サウンドクリエイター シナリオライター プログラマー
- ❸ **子どもに関わる仕事** 保育士 小児科医 給食を作る人(栄養士・調理師) 児童指導員・助産師
- ❹ **医療に関わる仕事** 看護師 外科医 義肢装具士 創薬研究者 薬剤師
- ❺ **スポーツをする仕事** サッカー選手 プロフィギュアスケーター 野球選手 車椅子バスケットボール選手 ゴルファー

第二期

- ❻ **動物に関わる仕事** 動物園飼育員 トリマー 水族館飼育員 獣医師
- ❼ **海と大地で働く仕事** 農業 林業 漁業 酪農
- ❽ **人を守る仕事** 消防士 山岳救助隊員 弁護士 自衛官
- ❾ **飛行機に関わる仕事** パイロット 航空管制官 航空整備士 客室乗務員
- ❿ **マンガ・アニメに関わる仕事** マンガ家 声優 アニメーター アニメ監督

第三期

- ⓫ **ファッションに関わる仕事** スタイリスト 靴デザイナー 美容師 店長兼バイヤー
- ⓬ **ITに関わる仕事** アプリ開発者 AI研究者 ウェブプランナー ユーチューバー
- ⓭ **ライフラインを支える仕事** 発電所 高速道路 水道局 清掃工場
- ⓮ **教育に関わる仕事** 競泳強化コーチ 養護教諭 司書 小学校教諭
- ⓯ **宇宙に関わる仕事** 宇宙飛行士 プラネタリウム製作者 金属加工職人 天文学者

第四期

- ⓰ **観光に関わる仕事** バスガイド 全国通訳案内士 旅行代理店社員 女将
- ⓱ **住居に関わる仕事** 建築家 インテリアコーディネーター 大工 不動産仲介業
- ⓲ **鉄道に関わる仕事** 運転士 車両メンテナンス 電気工事 駅社員
- ⓳ **スポーツを支える仕事** プロ野球チーム付広報 スポーツトレーナー グラブ職人 サッカー審判
- ⓴ **囲碁・将棋に関わる仕事** 将棋棋士 囲碁棋士 専門紙編集者 盤職人

第五期

- ㉑ **テレビに関わる仕事** アナウンサー プロデューサー カメラマン 映像編集者
- ㉒ **地方公務に関わる仕事** 学芸員 フィルムコミッション 多文化共生係 自然保護職員
- ㉓ **伝統工芸に関わる仕事** 人形師 江戸切子職人 箱根寄木細工職人 陶芸家
- ㉔ **美容に関わる仕事** ヘアメイク ヨガインストラクター ネイリスト エステティシャン
- ㉕ **eスポーツに関わる仕事** プロeスポーツ選手 実況アナウンサー プロデューサー ゲーミング家具開発者

第六期

- ㉖ **おもちゃに関わる仕事** おもちゃクリエイター プラモデル成形技師 玩具店店長 企画・開発
- ㉗ **自動車に関わる仕事** 開発責任者 製造管理 自動車整備士 商品企画
- ㉘ **音楽に関わる仕事** 歌手 ピアノ調律師 指揮者 楽器製作者

順次刊行予定